이어령의 교과서 넘나들기

콘텐츠 크리에이터 **이어령** | 글 **최성희** | 그림 **정상혁** | 기획 **손영운**

경제편 **2** 경제를 바라보는 10개의 시선

살림

생각을 넘나들며 다양한 지식을 익히는
융합형 인재가 되세요!

우리는 지난 몇 년간 엄청난 변화를 겪었습니다. 과학기술과 정보통신기술의 비약적인 발전으로 인해 지난 시절 몇 세기에 걸쳐 누적된 삶의 변동보다 훨씬 더 크고 빠른 변화를 경험해야 했던 것이지요. 스마트폰 같은 디지털 기기들과 트위터, 페이스북 같은 소셜 네트워크 서비스들은 불과 1~2개월의 시간 동안 우리 삶의 방식을 일순간에 바꾸어 놓았습니다. 당연히 지난 시절에 유용했던 생각과 지식 역시 크게 달라질 수밖에 없습니다. 이럴 때 우리 아이들은 미래를 위해 무엇을 준비하고 공부해야 할까요?

저는 이런 이야기를 좋아합니다. 옛날 어떤 사람이 우연히 산속에서 신선을 만났습니다. 신선에게 소원을 말하면 들어준다는 말에 그 사람은 신선을 붙들고 놓아 주지 않았지요. 그리고 신선에게 말했습니다. "저기 저 바위를 황금으로 바꿔 주세요." 다급해진 신선이 지팡이를 휘둘러 커다란 바위를 황금으로 바꾸어 주었습니다. "이제 놓아다오." 그때 그 사람이 눈을 반짝이며 말했습니다. "소원이 바뀌었어요. 그 지팡이를 제게 주세요."

이 이야기는 단순히 고기 잡는 방법을 가르쳐야 한다는 말이 아닙니다. '황금'이라는 창조물에서 황금을 창조하는 '방법'으로 생각을 이동시킬 수 있는 능력이 중요하다는 말입니다. 우리 아이들이 주역이 될 미래는 다양한 방면으로 바라보고 가로지르고 융합할 수 있는 '생각의 능력'이 더없이 중요해지는 시대입니다.

콜럼버스의 일화를 소개할까요. 콜럼버스가 신대륙에 상륙했을 때 어딘가에서 새소리가 들렸습니다. 콜럼버스는 그 새소리를 종달새 소리라고 적었지만, 나중에 밝혀진 바로는 그곳에 종달새는 살지 않았답니다. 콜럼버스는 자신이 알고 있는 지식에 묶여 새(bird) 소리를 새(new) 소리로 듣지 못했던 것입니다. 이런 관습적인 사고가 과거의 생각 방식이었다면 이제 중요해지는 것은 '순환적인 사고'와 '양면적인 사고', 서로 다른 분야를 함께 생각할 수 있는 '복합적인 사고'입니다.

다행히 우리 민족은 이미 오래전부터 이런 사고방식을 부지불식간에 사용하고 있었습니다. 언어적으로 봐도 서양은 한쪽 면만 표현하는 반면 우리는 항상 양면성을 고려했습니다. 고층건물에 있는 '엘리베이터'는 그 뜻을 해석하면 이상합니다. '오르는 기계'라는 뜻이니까요. 우리는 '승강기'라고 씁니다. '오르내리는 기계'라는 뜻이지요. '열고 닫는다'는 뜻의 '여닫이', 나가고 들어온다는 뜻의 '나들이', 이런 어휘들은 양면적인 사고가 잘 반영되어 있습니다.

순환적 사고란 무엇일까요. 가위, 바위, 보에서 '가위'의 의미에 주목해 보도록 하지요. 바위와 보만 있는 세계는 항상 결과가 자명한 세계입니다. 모두 오므리거나 모두 편 것, 이것 아니면 저것만 있는 세계에서는 다양함이 나올 수 없습니다. 그러나 '가위'가 있어서 가위, 바위, 보는 예측 불가능한 결과를 가져올 수 있는 다양성을 갖게 됩니다. 우리는 바로 그 '가위'와 같은 것을 상상해 내고 생각할 줄 알아야 합니다.

그러자면 서로 다른 분야를 넘나들면서 다양한 지식을 융합적이고 통섭적으로 습득해야 합니다. 쓰고 남은 천들은 버려지는 것이 아니라 조각보로 훌륭하게 다시 만들어질 수 있고, 배추 쓰레기가 '시래기'라는 웰빙음식으로 재탄생할 수 있게 만드는 지식의 습득과 활용이 필요합니다.

그렇게 자라난 우리 아이들은 과거와는 다르게 모두가 1등이 될 수 있는 사회에서 풍요로운 삶을 살 수 있을 것입니다. 저는 늘 이렇게 말합니다. "남다른 생각과 지식을 가지고 360도 방향으로 제각기 뛰어나가 그 분야에서 1등이 되어라. 옛날처럼 성적순으로 1등부터 꼴찌까지 줄 세우는 시절이 아니다. 그렇게 저마다의 소질과 생각에 맞는 분야에서 1등이 되어 손 맞잡고 강강술래를 돌아라. 그런 아름다운 세상에서 살아라."라고 말이지요.

스티브 잡스는 스탠퍼드 대학교의 엘리트들에게 이렇게 말했습니다. "Stay hungry, stay foolish!" 졸업하면 성공이 보장된 인재들에게, 그리고 최고의 지성으로 무장한 졸업생들에게 '항상 바보 같아라'라고 말한 것은 어떤 의미일까요. 기존의 지식으로 무장한 사람일수록 세상을 바꿀 뛰어난 생각은 바보같이 느껴진다는 의미가 아닐까요. 현재의 관점에서 불가능할 것 같고 황당하고 쓰임새가 없어 보이는 상상 속에 우리가 예측하지 못했던 엄청난 혁신과 가치가 숨어 있다는 것을 스티브 잡스는 말하고 싶었던 겁니다.

〈이어령의 교과서 넘나들기〉가 우리 젊은 학생들이 그런 행복한 미래(future)에 대한 비전(vision)을 갖는 데 꼭 필요한 융합형(fusion) 교양 지식을 익히고 생각의 넘나들기를 익힐 수 있는 좋은 계기가 되기를 바랍니다.

이어령

지식 대융합 시대의 창조적 교양인을 꿈꾸는 여러분께

현대 사회는 'T자형 인간'을 요구한다고 합니다. 'T자형 인간'이란 자기 분야는 물론이고, 다른 분야에도 깊은 이해가 있는 종합적인 사고 능력을 가진 사람을 일컫는 말입니다. 'T'자에서 '―'는 횡적으로 많이 아는 것을, 'I'는 종적으로 한 분야를 깊이 아는 것을 의미하지요.

왜 현대 사회는 T자형 인간을 원할까요? 그 이유는 21세기가 '지식 대융합의 사회'를 지향하고 있기 때문입니다. 현대는 하루가 다르게 새로운 개념의 첨단 전자 제품이 나오고, 그것이 우리의 지식 정보 전달 시스템을 통째로 바꾸고, 그 결과 문명의 방향이 달라지는 시대입니다. 이 변화무쌍한 현실을 이해하고 이끌어 나갈 수 있는 힘은 오로지 창조적이고 통합적인 상상력과 직관을 가진 'T자형 인간'으로부터 생산되기 때문입니다.

하지만 우리의 현실을 보면 앞이 아득합니다. 'T자형 인간'이 되어 21세기 대한민국을 이끌고 나가야 할 청소년들은 빡빡한 학교 수업과 학원 일정에 쫓겨 다람쥐 통의 다람쥐처럼 제자리 돌기만 하고 있습니다. 학교와 교과서를 통해 배운 지식을 단순히 입시 수단으로만 여기고 있습니다. 학교에서 배운 지식을 다른 지식과 잘 연결하고 융합시켜 지적 능력을 키우는 일에는 관심 밖입니다.

〈이어령의 교과서 넘나들기〉 시리즈는 안타까운 우리 청소년들의 지적 현실을 타개하기 위해 만든 책입니다. '5천 년 인류 문명이 이룩한 모든 교양을 만화로 읽는다.'는 생각으로 만화가 가지는 유머와 재미라는 틀 안에 그동안 인류가 축적한 다양한 지식을 담았습니다. 단순한 지식과 정보의 나열이 아니라 관점이 살아있도록, 책을 다 읽고 나면 뭔가 깨달았다는 느낌을 줄 수 있도록 만들었습니다.

앞으로 디지털, 과학, 문학, 심리, 경제 등 인류 문명의 토대가 되는 지식을 담은 재미있고 명쾌하지만 결코 가볍지 않은 멋진 만화책들이 차례로 독자들 앞으로 찾아갈 것입니다. 우리 청소년들이 이 책들을 읽고 '지식의 대융합 시대'를 선도하는 'T자형 인간'을 꿈꾸는 모습을 보기를 간절히 소망합니다.

기획 손영운

경제를 바라보는 다채롭고 흥미로운 시선 속으로

경제란 무엇일까요? 작게는 우리의 가정에서, 크게는 나라 살림에 이르기까지, 우리들이 먹고사는 문제가 곧바로 경제랍니다. 결국 우리는 경제를 떼어 놓고서는 세상을 살아갈 수 없는 '경제적 존재'랍니다. 저는 이 책에서 경제에 대한 보다 큰 그림을 그리는 데 집중했습니다. 그래서 단순히 경제학이 지난 몇 세기에 걸쳐 이룩한 학문적 성과를 소개하는 데만 그치지 않았습니다. 오히려 경제학의 역사 속에서 '누가' 어떤 가치와 신념으로 '어떻게' 이 먹고사는 중요한 문제를 다루었는지 밝혀냄으로써, 과연 그 결과가 사람들을 행복하게 해 주었는지 스스로 판단할 수 있는 힘을 기르도록 도와주고 싶었습니다. 그게 바로 경제를 바라보는 관점이지요. 우리가 쓸 수 있는 안경은 여러 개이지만, 결국 한 가지 안경으로 세상을 바라볼 수밖에 없다는 말이 있습니다. 사람은 오직 자신의 관점에서만 생각하고 행동한다는 뜻이죠. 그러나 저는 과거의 곳곳으로 떠나는 이 흥미진진한 시간 여행을 통해 우리들이 경제를 보는 다양한 안경을 마음껏 써 보고, 언젠가 우리 모두를 행복하게 만들 가장 멋진 안경을 찾을 수 있기를 바랍니다. 그때야 우리는 비로소 경제적 존재로서 이 세상을 당당하게 살아갈 수 있을 테니까요.

글 최성희

경제를 이해하는 큰 힘을 길러 주는 신 나는 여행이 펼쳐집니다!

경제는 세상의 발전에 따라 끊임없이 변화해 왔습니다. 그 변화 속에서는 행복한 사람도 있을 테고, 불행한 사람도 있을 겁니다. 그렇다면 자연스레 이런 고민이 듭니다. "과연 모든 사람들이 급변하는 세상 속에서 함께 행복할 수 있는 방법은 없을까?"

사실 우리는 저도 모르게 '경제란 어려운 것'이라는 편견을 마음속으로 품고 있죠. 왠지 경제에 관한 책을 펼치면 어려운 수학공식과 이해하기 어려운 단어들이 공격해 올 것 같지 않았나요? 하지만 경제는 절대로 골치 아픈 이야기가 아닙니다. 경제는 '어떻게 하면 나와 함께 세상을 살고 있는 모든 사람들이 행복할 수 있을까?'라는 질문에서 시작하니까요. 이것이 바로 경제가 우리에게 던지는 가장 큰 메시지랍니다. 앞으로 우리가 이 멋진 여행을 통해 만날 전 세계적인 경제학자들은 날카로운 이성과 논리로 계속해서 여러분에게 질문을 던집니다. 그러나 책에서는 결코 그 해답을 강요하지 않습니다. 결국 답은 하나로 정해져 있는 게 아니니까요. 그건 바로 여러분들의 마음속에 있는 거랍니다.

그림 정상혁

1장 경제란 무엇일까?

경제 상황 온통 '빨간불'
경제성장률 마이너스 예상
물가 상승
외환 위기
TV 뉴스는 온통 경제에 관한 어두운 소식들을 전하고 있었고
사람들의 얼굴에서는 그늘이 깊어졌지.
실업자 수백만 명 대량 실업 사태
소비 심리 얼어붙고
구조 조정 칼바람

대체 경제가 무엇이기에 우리 모두는 경제 때문에 울고 웃는 것일까?
훅
하하
경제

경제는 영어로 이코노미(economy)라고 한단다. 집을 뜻하는 오이코스(oikos)와 관리한다는 뜻의 노미아(nomia)를 합친 그리스어 오이코노미아(oikonomia)에서 라틴어 오에코노미아(oeconomia)가
oikos
올레~
oikonomia
oeconomia

다시 여기서 영어 이코노미가 탄생한 거지.
economy
oeconomia

이코노미, 즉 경제라는 말은 집안을 잘 관리하고 경영한다는 뜻을 가지고 있어.

그럼 동양에서는 '경제'라는 말에 어떤 의미가 있을까?

그러니까 '나라를 잘 다스려 국민들이 편안하고 행복하게 살 수 있도록 한다'는 뜻이지.

엄마 아빠가 가정 살림을 잘 관리하지 못하거나
이걸로 일단 뭐라도 사 먹으렴.
1000

지도자가 국가를 잘 경영하지 못하면
UBS
폭동
♪ ♬
룰루랄라

결국 가족도 국민도 제대로 구제하지 못하고 행복하게 해 줄 수도 없지.
삐뚤어질 테다!

그런데 똑같은 물이라도 젖소가 마시면 인간에게 도움이 되는 우유를 만들어 내지만,

뱀이 마시면 우리에게 해로운 독을 만든다는 말이 있지.

'경제'도 어떻게 관리하느냐에 따라 좋은 친구가 될 수도 나쁜 친구가 될 수도 있어.
경제
경제

이제부터 선생님과 함께 '경제'를 어떻게 관리해야만 우리에게 '좋은 친구'가 될 수 있는지 같이 고민해 볼까?
경제

먼저 눈을 감고 머릿속으로 수많은 경제학자들을 재판하는 재판장의 배심원이 되었다고 상상해 보렴.
정숙하세요.
웅성 웅성

세계에서 내로라하는 쟁쟁한 경제학자들이 '과연 어떻게 경제를 관리해야 인간을 행복하게 해 줄 수 있는가'라는 질문에 대한 해답을 제대로 주었는지 재판을 하고 있다고 상상해 보자는 거야.

호랑이를 잡으려면 호랑이
굴로 들어가야 하듯이
부르르~

경제가 무엇인지를 제대로 알려면 경제학이 가장 먼저 시작된
나라부터 가 보고, 경제학을 처음으로 독립된 학문으로 만든
애덤 스미스를 만나 봐야겠지.
경제학
경제

그럼 검사의
기소 이유부터
들어 볼까?

피고 애덤 스미는 1723년 스코틀랜드의 작은 바닷가
마을 커콜디에서 출생했으며 세무공무원을 하던
아버지 덕분에 부유하게 성장했습니다.

40세의 나이에 한 청년 귀족의 개인 교수가 되어 이 청년과 3년 정도
프랑스 여러 도시로 함께 여행하면서 볼테르, 케네, 튀르고 등의
사상가들과도 친분을 쌓았습니다.

여행을 마치고 고향으로 돌아온 뒤
10년간의 집필 활동에 전념한 끝에
1776년 『국부론』을 출간 합니다.
해냈다!
국부론

한때 세금을 관리하는 관세위원으로
활동했고,
훗~

글래스고 대학교 총장을 지내기도
했습니다.

경제학의 아버지라는 명성을 얻은 피고 애덤 스미스가
1776년 세상에 내놓은 『국부론』은 230여 년이 지난 지금까지도
'경제학의 고전'으로 인정받고 있습니다.
쑤쓰
와 아 -
오오
국부론
와 -

피고는 『국부론』에서 국가가 경제활동에 어떤 개입이나 간섭도
하지 말고 자유롭게 내버려 두어야 한다는 자유방임주의를
주장하였습니다.
알아서들
잘하네.

그러나 피고의 이런 주장으로 당시 영국 사회는
물론 오늘날의 자본주의 국가들까지도 심각한
빈부 격차와 대량 실업, 환경오염, 경기 침체
등으로 심각한 경제 위기에 빠지고 말았습니다.

이에 피고에게 이런 경제적 위기를 가져온 책임을 물어 기소하는 바입니다.

크고 작은 공장 굴뚝에서 솟아오르는 연기, 쉼 없이 돌아가는 증기기관, 공장에서 쏟아져 나오는 상품 더미들, 돈만 있으면 누구든 숨 쉬는 일처럼 자연스럽게 상품을 사고파는 시장의 열기 등을 생생하게 지켜보았습니다. 이러한 경험이 바탕이 돼 자본주의가 어떤 원리로 작동하는지를 분석한 『국부론』을 썼습니다.

당시 유럽의 국가들은 금과 은을 많이 확보하는 것이 국가의 부를 늘리는 거라고 주장하는 중상주의 경제정책을 고집했습니다.
계속 모아 와.

그래서 국가가 금과 은의 유출을 막는다며 수출입을 철저히 통제하고
통제

금과 은을 확보하는 일에 열을 올렸죠.
관세는 금만 받아!

하지만 왕실이나 상인들의 금고에 금과 은이 쌓여 간다고 해서 국민들의 생활이 풍족해지는 것은 아니었습니다.
한 푼만 줍쇼!

오히려 생활필수품 가격이 너무 올라 사람들의 고통은 커져만 갔지요.
초특가
$ 246000
부들

따라서 저는 국가의 부는 금과 은의 양에 달린 것이 아니라 국민들이 살아가는 데 필요한 생활필수품이 얼마나 풍족하게 생산되고 판매되고 소비되느냐에 달려 있다고 반박했습니다.
횡재
옳거니
호오
이것이 국부의 진정한 의미인 거죠.

사람들이 피고를 가리켜 경제학의 아버지다,
『국부론』은 경제학의 성서다, 라며 찬사를 보내는 이유가 무엇이라고 생각합니까?
국부론

모두 저에 대해 과분한 평가입니다. 사실 저는 죽기 전에 미처 완성하지 못한 원고들이 있다면 모두 없애고 어떤 흔적도 남기고 싶지 않은 아주 평범한 학자에 불과했습니다.

제가 살던 당시에는 돈 버는 일을 드러내놓고 얘기하는 것은 그다지 영광스럽지 못한 일이라고 가르침을 받았습니다.
우쭐
쳐다보지도 말아라.
$

하지만 산업혁명으로 등장한 사회는 이전과는 전혀 달랐어요.

다른 사람과 경쟁해서 이겨야만 겨우 일자리라도 구할 수 있고
저요!
저요!
한 명!

옆 사람보다 더 많은 노동을 해야 일자리를 지킬 수 있으며

다른 사람과 똑같이 해서는 돈을 벌 수 없는 치열한 경쟁 사회가 된 거지요.
헉헉
훗~
$

이제까지 구원이나 자선을 인생의 목표라고 교육받은 사람들은 당황할 수밖에 없었습니다.

세상이 달라졌다고 해서 물질에 대한 욕망을 솔직히 드러냈다가 어떤 비난을 받을지 몰라 두려웠고

그렇다고 돈벌이에 무관심했다가는 살아남을 수조차 없었죠.

우리는 이러한 인간의 욕망 덕분에 매일 고기를 먹고 포도주를 마시며, 옷과 신발을 입고 신을 수 있게 되었죠. 저는 이런 욕망을 드러내는 일은 부끄러운 일이 아니라 국가를 부자로 만든 원동력이라고 말해 주었습니다.

그때 저는 『국부론』에서 다른 사람들보다 부자가 되고 싶고 물질을 더 많이 갖고 싶은 것은 인간의 자연스러운 본성이라고 말했습니다.

그러자 자본가들이나 상인들, 그리고 일반인들까지도 제 이야기에 큰 관심을 보이더군요.

책은 출간된 지 6개월 만에 매진되었습니다.

생산자들은 손해가 되는 운동화 생산을
더 이상 하지 않고 다른 상품 생산으로
옮길 것이고

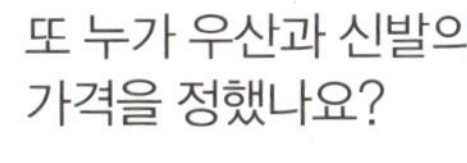

인간은 돈을 벌고 싶은 이기심을 가진 존재이지만, 시장이 이러한 이기심을 올바른 방향으로 이끌어 우리 모두가 상품을 적절한 가격에 사고팔 수 있게 만들어 준 것이지요.

이것을 '시장경제'의 '보이지 않는 손'이라고 불렀습니다.

피고는 오랫동안 도덕철학을 가르치고 심지어『도덕감정론』이라는 책까지 펴낸 인간의 본성에 대한 전문가였다고 알고 있습니다.
반론 하겠습니다!
인 간
도덕 감정론

그런데도 인간의 이기심이 사회 전체에 이익을 가져온다고 주장한 것은 이해가 되지 않습니다.

자본주의사회에서 인간들이 돈벌이를 위해 실제로 어떤 행동을 했는지 피고는 똑똑히 목격했습니다.
그렇죠?

매연을 내뿜는 공장 굴뚝, 스모그가 가득한 회색빛 하늘, 악취와 쓰레기로 뒤범벅인 도시 뒷골목에서 모두가 살인적인 노동에 시달리고 빵 한 쪽으로 겨우 배고픔만 달래는 비참한 상황이었습니다. 당시의 자본가들은 당장의 이익에만 매달리는 부도덕한 존재였습니다.
당시의 상황이 '보이지 않는 손'의 축복이 가져온 결과인지 피고에게 묻고 싶습니다.

비록 자본가들이 부도덕한 짓으로 당장은 돈을 벌었다고 하더라도
국산이라고 팔지만 사실은 수입산이지롱.
꼭 그렇지만은 않아요!

장기적으로 보면 그런 사람들은 결국 외면당해 공장 문을 닫을 수밖에 없지 않겠습니까?
먹을 걸로 장난치지 마!

인간에게는 '공명정대한 관찰자'인 양심이라는 것이 있어서 이기심을 절제합니다.
양심
이럴 줄 알았다면 안 그랬는데….
흑~
저는 수십 년간 인간 본성을 연구한 철학자라고요! 시간이 흐르면 시장 경제의 '보이지 않는 손'에 의해 모든게 해결될 것입니다.

피고의 그 낙관적인 믿음은 대체 어떤 근거에서 나온 겁니까?

사람들은 흔히 『국부론』에서 '보이지 않는 손'의 원리만 떠올리지만 제가 강조한 중요한 이론 한 가지가 더 있습니다.
그것은 바로 분업화입니다.

예를 들어, 혼자서 핀을 만들면 하루 스무 개도 못 만들겠지만, 과정을 여러 단계로 나누어 분업화하면 열 사람이 하루에 4만 8천 개 이상의 핀을 만들 수 있습니다.
한 사람이 하루 4천 8백 개의 핀을 만든 셈이죠.
혼자서 겨우 스무 개를 만들던 것과 비교한다면 놀라운 증가가 아닙니까?

이렇게 모든 산업 분야에서 새로운 생산기술과 방법을 개발하여 생산량을 늘려 가면

모든 사람이 풍족하게 살 수 있게 될 것입니다.

그러나 피고의 그러한 낙관적인 믿음에도 불구하고 거대한 소수의 자본가들이 산업 전체를 독차지했고
재반론합니다!

공급도 가격도 시장이 아니라 이들 대자본가들 마음대로 결정되었습니다.

정당한 임금도 지불하지 않고 환경이 오염되건 말건 오직 돈벌이에 급급했습니다.
아무데나 버렷!
안 되는데…

자본가들에게 '보이지 않는 손'은 축복의 손이었을지 모르지만, 가난한 사람들에게는 불행한 손이었다는 것을 인정해야 합니다!

아닙니다! 세상 사람들의 오해와 달리 저는 『국부론』에서 수단과 방법을 가리지 않고 자기의 배만 채우는 자본가와 상인들을 믿어서는 안 된다고 경고했으며
그렇지 않아요!
국부론

900페이지가 넘는 방대한 책 어디에도 부도덕한 자본가들의 탐욕스런 이기심이 옳다고 한 적이 없습니다.
그런 적 없어요.

오히려 저는 절제된 이기심을 강조했을 뿐이죠.
절제된 이기심

존경하는 재판장님과 배심원 여러분, 제가 살았던 당시 역사의 수레바퀴는 이미 자유경쟁이 지배하는 자본주의사회로 굴러가 있었습니다.

단지 저는 '시장경제'를 연구한 경제학자였을 뿐 정치가도 혁명가도 아니었다는 사실을 기억해 주시기 바랍니다.
No

존경하는 재판장님과 배심원 여러분의 공정한 판결을 바랍니다. 이상입니다.
공손

그 결과 소수의 거대한 자본가들이 부당하게 이윤을 추구하지 못하도록 막고, 환경을 파괴하는 기업을 처벌하고, 공공사업과 복지정책을 실시하여 약자들을 보호하는 등 그야말로 '보이는 손'으로 해야 할 무수한 책임을 소홀하게 만든 책임이 막중합니다.

디지로그 속에 숨은 경제학의 원리

갈수록 트위터 열풍이 거세지고 있어요. 트위터는 140자 이내의 짧은 글을 올리거나 대화를 주고받을 수 있는 온라인 서비스죠. '지저귀다'라는 뜻을 가진 영어 단어 'twitter'에서 따왔는데, 말 그대로 재잘거리는 것처럼 하고 싶은 말을 그때그때 짧게 올릴 수 있는 게 트위터의 특징이에요. 트위터는 컴퓨터뿐만 아니라 스마트폰 같은 휴대 기기로도 이용 가능하기 때문에 각종 정보를 실시간으로 낯선 이들과 공유할 수 있죠.

트위터 열풍은 스마트폰이라는 최첨단 디지털 기기에 대한 호기심과 관심에서 시작되었어요. 하지만 좀 더 자세히 살펴보면 사람들이 트위터에 열광하는 것에는 다른 이유가 숨어 있는 걸 알 수 있어요. 사람들은 새로운 디지털 기기를 통해 필요한 정보만 주고받는 것이 아니에요. 기쁨이나 슬픔 같은 정서까지 공유하죠. 다시 말해 트위터 열풍은 스마트폰이라는 디지털 기술과 정서 공유라는 아날로그 감성이 합쳐져서 나타난 현상이에요.

이어령 선생님은 이와 같은 디지털(digital) 기술과 아날로그(analog)적 정서의 융합을 디지로그(digilog)라는 신조어로 설명했죠. 그러면서 현대 사회뿐만 아니라 미래 사회는 '정감 있고 온기 있는 디지털, 즉 디지로그 문화'를 이룬 사람들이 이끄는 사회가 될 것이라고 주장했어요.

우리는 이런 디지로그 현상을 다양한 분야에서 확인할 수 있어요. 사람들은 인터넷에서 모임이 이루어지는 사이버 공간을 카페라고 말해요. 실제로 카페는 사람들이 차를 마시며 이야기를 나누는 지극히 아날로그적인 공간을 말하는데, 인터넷의 디지털 공간에도 같은 이름을 붙인 거죠. 그 이유

짧은 글을 올릴 수 있는 트위터.

가 뭘까요? 그건 바로 사람들이 디지털 공간에서도 실제 카페의 정서를 느끼기 때문이에요. 지금의 정보화 시대를 상징하는 디지로그의 한 가지 현상이죠.

또 프로그램을 만드는 제작자들이 프로그램을 이용하는 사람들의 아날로그적 정서를 자극하기도 해요. 컴퓨터 프로그래밍 언어로 유명한 자바(Java)는 커피의 이름에서 따와서 만들었고, 김이 모락모락 오르는 커피 잔 모양의 아이콘을 사용해요.

과거의 정서를 자극하는 복고풍 TV.

경제 분야에서는 디지로그 현상이 디자인 등 제품을 구성하는 요소로 활용돼요. 누르는 손으로 가벼운 촉감을 느낄 수 있는 터치 패드를 가진 초콜릿 모양의 휴대폰, 손 글씨의 매력을 살린 전자펜, 손으로 터치해 작동시키는 컴퓨터, 필름 카메라처럼 찰칵 소리가 나는 디지털 카메라, 내부를 원목으로 디자인한 최첨단 자동차 등 정감 있고 온기 있는 디지로그 제품들이 많은 주목을 받으며 이윤을 창출하고 있어요. 또 과거의 추억을 불러일으키는 복고풍 브라운관 TV, 유선 전화기, 스토브 등 한때 디지털 제품의 인기에 밀려 사라졌던 아날로그 제품들도 이제는 한층 향상된 기능으로 재탄생해 황금알을 낳는 수출 상품이 되었죠.

이처럼 디지로그는 현대 사회의 특성을 가장 핵심적으로 상징하는 키워드예요. 앞으로도 정감 있고 온기 있는 디지털, 디지로그 마인드가 새로운 시대를 주도할 것은 분명해요. 아마도 우리는 이제 스스로에게 이렇게 물어야 할 거예요. "지금 나는 디지로그 마인드를 가지고 있을까?"

2장 경제는 누구를 위해 존재하는가?

선생님과 너희들이 오늘 만날 두 번째 재판의 주인공은 토마스 로버트 맬서스(Thomas Robert Malthus, 1766~1834)란다.

물론 맬서스의 인구 법칙은 오류로 밝혀졌어. 지금 우리는 유럽 선진국들보다 더 낮은 출산율 때문에 인구 감소를 막는 대책이 절실한 상황이지.
이렇게 난감할 수가….

하지만 불과 삼사십 년 전만 하더라도 "덮어놓고 낳다 보면 거지 꼴 못 면한다."라든가

"아들 딸 구별 말고 둘만 낳아 잘 기르자." 등의 표어를 내걸고 출산율을 낮추기 위해 안간힘을 썼지.
그래도 아들이….
둘 키우기도 힘들거든요.

물론 중국은 지금도 1가구 1자녀 정책이고
바글
바글
어쩔 수 없다해.

'늦게 결혼해서 늦게 자녀를 낳자'라는 만혼만육(晩婚晩育) 정책을 펴며
쑥 쓰~

인구 증가를 막기 위해 노력하고 있지만 말이야.
바글
바글
워낙 많으니….

우리나라를 비롯해 대부분의 나라들이 '산아제한'이라는 인구 정책을 하게 된 것도
억제
산아제한
1가구 1자녀

따지고 보면 맬서스라는 경제학자의 무서운 경고 때문이었어.
경 고

그건 정말 유럽 사람들의 간담을 서늘하게 만든 우울한 전망이었지.
까악—

자, 그럼 선생님과 함께 상상의 세계 속으로 떠나 보자. 아브라카다브라!

변호인 옆에 맬서스가 앉아 있고 검사 옆으로 턱수염이 길고 덥수룩한 곱슬머리의 영국 신사 한 사람이 앉아 있는 게 보일 거야.

그는 19세기 영국에서 「올리버 트위스트」라는 소설을 신문에 연재해 인기를 끌었던 소설가 찰스 디킨스야.
올리버 트위스트

어린 시절 가난한 가정 형편 때문에 구두약 공장을 전전하며

배고픔과 가난을 온몸으로 체험한 찰스 디킨스는

신문사 속기 기자로 일하다 소설을 연재해 인기를 끌었어.
올리버
까악

그런 디킨스가 맬서스를 재판에 세운 장본인이라니.
이유가 뭘까?

오늘 재판을 받을 맬서스는 1766년 목사였던 다니엘 맬서스의 8남매 중 둘째 아들로 태어나
바글바글

케임브리지를 우등으로 졸업하고
A+

아버지의 소망대로 목사가 되었어.

하지만 사회문제에 관심이 많았던 맬서스는 역사·경제·정치 등 다양한 분야의 전문 지식을 쌓아 1798년 『인구론』을 발표하면서 명성을 얻게 되었지.
인구론

물론 영국 최초의 경제학 교수라는 명예도 얻었지.

그런 맬서스가 무슨 이유로 재판을 받게 되었는지 검사의 기소 이유를 들어 볼까?
법원

영국 최초의 정식 경제학 교수이자 성공회 목사였던 토마스 맬서스는

1798년 『인구의 원리에 관한 에세이』, 일명 『인구론』을 발표합니다.
인구론
이 책이 사회에 끼친 영향은 실로 대단했습니다.

한마디로 아주 치명적이었죠.
인구론
쿵

맬서스는 정부가 나설수록 가난한 이들은 더욱 나태해지고
일할 필요 없잖아.
정부

자식을 무분별하게 낳아 식량 부족과 빈곤만 더욱 크게 만들 뿐이라고 주장했습니다.
배고파
밥
밥줘

이러한 주장에 지배계급은 열렬한 지지를 보내고 정부 역시 빈민 구제를 위한 지출을 대폭 줄이겠다는 '신빈민구제법'을 발표합니다.
신빈민구제법

맬서스는 가난한 사람들은 게으르고 나태해

가난이라는 형벌을 대가로 받고
가난

부자는 열심히 노력한 덕분에 부를 누린다고 주장했습니다.
정당한 대가라고.

맬서스는 경제를 부자들의 이익과 입장을 위해 존재하는 것으로 만들어 버린 것입니다.
경제
이에 그를 기소하는 바입니다.

검사의 기소 이유를 들으면서 선생님은 "경제란 과연 누구를 위해 존재하는 것일까?"라는 근본적인 질문을 던질 수밖에 없었어.
?
경제

디킨스 씨, 맬서스를 기소한 이유는 뭐죠?
검사는 이어서 디킨스에게 기소 이유를 물었어.

저는 신빈민구제법의 부당함을 알리기 위해 『올리버 트위스트』를 썼습니다.
올리버 트위스트

빈민 수용소에 갇혀 노동에 시달리는 것보다
똑바로 해!
큭

옆에 누운 친구를 잡아먹고 싶도록 만드는 배고픔이 더 무섭다는 당시의 비참한 현실을 외면하고
꼬르륵

이들이 가난한 것이 게으르고 나태하며 무절제하게 자식을 낳은 탓이라고 한 맬서스의 주장이 얼마나 잘못된 것인지를 고발하기 위해서입니다.
신빈민구제법
이런 못된 인간 같으니!

그러자 침묵을 지키던 변호인이 맬서스에 대한 심문을 시작했어.
맬서스 교수님, 『인구론』을 발표한 이유는 무엇입니까?

제가 살던 시대는 나폴레옹이 이끄는 프랑스 군이 대륙봉쇄령을 내리는 바람에
영국은 신대륙으로부터 식량을 수입할 수 없어 식량 부족 현상이 심각했고

수많은 농민들이 도시로 몰려와 도시의 인구증가는 폭발적이라고 할 만한 수준이었습니다.
발 딛을 틈이 없구먼.

식량은 턱없이 부족했고

냄새나고 지저분한 거리에서

사람들이 우글거리며 살아가는 암담한 현실이었습니다.

이런 상황에서 저는 자본주의의 미래를 장밋빛으로만 얘기할 수 없었습니다. 오히려 이런 비극적인 상황에서 벗어날 수 있는 해결책을 제시하는 것이 학자로서의 책임이라고 생각했지요.

그래서 발표한 책이 『인구론』입니다.
인구론

빈곤의 원인은 늘어나는 인구 증가와 이를 따르지 못하는 식량의 부족 때문이며

이 문제를 해결하지 않으면 우리들의 미래는 절망적이라는 주장을 담고 있는 책입니다.

『인구론』에서 교수님이 주장한 바를 좀 더 구체적으로 말씀해 주십시오.

『인구론』의 핵심은 식량 생산의 증가를 훨씬 뛰어넘는 인구 증가를 해결하지 않으면 우리에겐 미래가 없다는 것입니다.

유럽의 나라별 인구 변화에 대한 자료를 분석한 결과 인구는 아무런 제한을 받지 않는 한 25년마다 두 배씩 증가하는 반면
두 배!
두 배!

식량은 산술급수적으로 증가했습니다. 인류의 멸망은 불 보듯 자명했습니다.

그런데 저의 경고가 사람들에게는 큰 충격이었던 모양입니다. 그들은 제 경제학을 가리켜 '음울한 학문'이라며 거센 비판을 하더군요.
반 대

하지만 임금을 올리고 생활환경을 개선할수록 빈민들은 더 많은 자식을 낳을 것이고

그러면 인구 증가는 더욱 빨라져 빈곤과 기근이 더욱 심해질 뿐입니다.
도와줘.
퀴

따라서 저는 인구를 억제하지 않는 어떤 사회 개혁도 가난을 더욱 악화시키는 부메랑일 뿐이라고 주장한 것입니다.
사회 개혁안
가 난

그래서 저는 출생률을 낮추거나 사망률을 높이는 인구 억제 방법이
출산율
사망률

가난을 대물림하지 않을 수 있는 가장 현실적인 방법이라고 주장했습니다.

가난한 사람들은 성욕을 절제하고, 경제적 능력을 갖출 때까지 결혼을 늦추고
NO

즉 사망률을 높이는 방법을 권장했습니다. 우리 모두가 다 같이 멸망하지 않기 위한 불가피한 선택이었어요.

출산 억제를 할 만한 자제심이나 절제력이 없기 때문에 인구 증가를 막을 수 있는 다른 적극적인 억제 방법,

다음은 맬서스의 이러한 주장이 담긴 글을 직접 인용한 대목이야.

너희들도 읽어 보면 어떻게 인간으로서 이런 생각을 할 수 있는지 입을 다물 수 없는 충격을 느끼게 될 거야.

식량 증가를 넘어서는 인구 증가는 억제 되어야 하고 태어난 아이들은 성인의 사망으로 여유가 생기지 않는 한 반드시 죽어야 한다. 전쟁, 살육, 자연재해, 기근과 전염병 등 죽음을 쉽게 가져오는 방법을 두려워한다면 우리는 다른 형태의 파멸을 맞이할 준비를 해야 한다.
따라서 가난한 빈민에게 청결도 권하지 말고 오히려 그 반대의 습관을 길러 주어야 한다.

도시의 거리는 더 좁게 만들어 사람들이 더 북적거리게 해서 전염병이 잘 돌도록 해야 하며 불결한 늪지대나 연못에 마을을 만들고, 질병과 무질서를 없애기 위한 어떤 계획도 인류에게는 도움이 되지 않으므로 비난받아야 한다. (인용:『부자의 경제학 빈민의 경제학』 51쪽)

하지만 『인구론』이 몰고 온 사회적 파장은 그렇게 유쾌하지 않았어.
인구론

정부나 부자들이 가난한 사람들의 비참한 생활을 그대로 방치하는 것이 오히려 선한 일이라는 생각을 확산시켰고
도와줘
도와주면 뭐 해!

살아남는 자만을 위해 경제가 존재한다는 사교를 탄생시키고 말았으니까 말이야.
맬서스는 부자와 가난한 자의 불평등은 마치 자연법칙과도 같아 피할 수 없는 것이라는 뿌리 깊은 믿음을 가지고 있었던 것 같아.

물론 맬서스가 불평등을 옳은 것이라고 주장하지는 않았지만
옳지않아

부자와 가난한 자의 차별과 불평등이

사람들에게 동기를 부여하는 효과적인 수단이라고 본 거지.
부자가 될 거야.

또한 맬서스는 무절제한 성욕을 제한하는 결혼제도 역시

인간을 야만적인 상태에서 문명사회로 진입시키는 데 필요한 제도라고 주장했어.

당시 사회주의 개혁을 외치는 학자들이 평등한 분배를 외치며 사람들의 지지를 받고 있을 때 맬서스는 이들을 맹렬히 비판했는데
평등.
분배.

이들의 개혁안은 결국 가난한 사람들을 더욱 나태 하게 만들 뿐이라고 믿었기 때문이었단다.
좁아

하지만 선생님은 가난은 사람들이 게으로고 나태한 탓이 아니라 불평등한 제도를 인정하는 사회 그 자체의 문제에서 나왔다는 것을 맬서스가 왜 깨닫지 못했는지 안타까울 뿐이야.

변호인이 먼저 맬서스에 대한 최후 변론을 시작하는군.

존경하는 재판장님과 배심원 여러분.

한 사람이 왜 그렇게 말하고 행동했는지는

그 사람이 두 발을 디디고 살았던 당시의 시대적 상황과 환경을 고려할 때 보다 공정하고 정확한 평가가 될 수 있다고 봅니다.
한 푼 줍쇼.
배고파.

맬서스에 대한 평가 역시 이와 같아야 한다고 생각합니다.

맬서스의 이론을 비판하는 목소리가 많이 있지만, 당시 대중의 빈곤이 그러한 처방을 내려서라도
서라

긴급하게 해결해야 할 만큼 절박한 상황이었다는 것을 고려해야 합니다.
어쩔 수가 없다고!

그리고 여전히 이 지구상에는 과잉 인구 때문에 가난과 기근에서 벗어나지 못해

고통받는 나라들이 많이 있습니다.

맬서스는 이러한 모든 비판을 상쇄하고 남을 만큼 학자로서의 장점을 충분히 가지고 있습니다.

당시 학자들이 미처 발견하지 못한 인구와 빈곤의 관련성에 맨 먼저 주목한

탁월한 경제학자였음을 인정해야 합니다.

또한 과잉 생산이 경제 위기를 가져올 것이라는 주장을 맨 처음 한 사람도 맬서스입니다.
망했다. 물건이 안 팔리네.

후에 맬서스의 이 경제 이론은 마르크스경제학의 경제공황 개념으로 다듬어지죠.
마르크스 경제학

오늘날 유럽에서는 지나친 국가의 복지 혜택이 사람들의 일할 의욕을 떨어뜨리고
일 좀 해!

사회 의존성만 키웠다는 반성이 일고 있습니다.
더
더

이를 보면 정부의 빈민 구제 정책이 사람들을 나태하게 만든다는 맬서스의 주장이 떠오릅니다.
더
거 봐.

더구나 부의 평등한 분배와 사유재산 제도의 폐지를 행복한 삶의 기준으로 삼았던 공산주의 국가들은 어떻게 되었습니까?

결국 경제적 위기를 극복하지 못하고 무너지거나 사유재산 제도를 부분적으로 받아들이지 않았습니까?

따라서 본 변호인은 20세기 가장 탁월한 경제학자로 인정받고 있는 케인즈가 맬서스에 대해 내렸던 평가를 마지막으로 언급하며 최후 변론을 마칠까 합니다.

"만일 리카도가 아니라 맬서스가 19세기 경제학이 뻗어 나온 뿌리가 되었다면 오늘날의 세계는 얼마나 더 지혜롭고 풍요로운 곳이 되었을 것인가?"

이어서 검사 측의 최후 진술이 이어졌지.
존경하는 재판장님과 배심원 여러분.

본 검사는 피고 맬서스가 인구 증가를 막아야 한다며 제시했던 전쟁, 질병, 기근, 전염병 등이 이후 어떤 결과를 가져왔는지에 주목하고자 합니다.

맬서스는 적자생존의 법칙이 작용하는 자연의 생태계처럼 주기적으로 재앙이 발생하여 과잉 인구를 적절히 제거해 주어야 하며
어쩔 수 없다.

이 과정에서 능력이 없는 자는 자연적으로 제거될 수밖에 없다는 '사회도태설'을 등장시켰습니다.
사회도태설

사회도태설은 서구의 부자 나라들 혹은 한 사회 내의 부자들은 우월한 능력을 가졌기에 생존하는 것이고

아프리카의 가난한 나라들 혹은 한 사회의 빈곤한 대중은 생존 능력을 갖지 못했기 때문에 살아남지 못하며

이것은 피할 수 없는 자연 법칙이라는 사상으로 발전해 특정 인종에 대한 우월의식과 차별주의를 정당화하는 무서운 결과로 이어졌습니다.
튼튼한 노예 팝니다.

우리 중 누군가가 "부자가 부자로 사는 것은 이들이 열심히 노력하고 땀을 흘려 이 사회를 발전시킨 대가를 누리는 것이며, 가난은 게으르고 무절제하며 이 사회에 어떤 기여도 하지 않는 무능력한 존재가 받는 대가다."라는 생각을 갖고 있다면
과연 이 생각이 시작된 지점이 어디였을지 곰곰이 따져 봅시다.

또한 경제적 어려움으로 고통 받는 가난한 사람들을 돕는 복지 혜택은 이들의 의존성만 키워 주는 것이므로
계속 부탁해.

이를 축소해야 한다고 주장한다면 그 생각의 출발이 과연 어디서부터인지도 따져 보아야 합니다.
주지 말라니까!

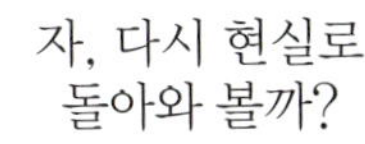

가난한 사람이든 부자이든 모두의 이익을 대변할 수 있는 경제학은 처음부터 존재할 수 없는 것일까? 경제학은 어느 한편의 이익만을 위해 존재할 수밖에 없는 한계를 가진 학문인 것일까? 과연 경제는 누구를 위해 존재하는 것일까?

로또를 사는 심리에 주목하는 경제학

로또 1등에 당첨될 확률은 벼락에 맞을 확률보다 낮아요. 그런데 사람들은 이런 사실을 잘 알면서도 계속해서 로또를 사죠. 우리는 이렇게 합리적이라고 말하기 어려운 행동을 하는 사람들을 주변에서 쉽게 발견할 수 있어요. 예를 들어 충치가 생길 수 있다는 걸 잘 알면서도 달콤한 사탕과 초콜릿을 계속해서 먹는 사람들, 번번이 충동구매의 유혹을 이기지 못하고 필요 없는 물건을 잔뜩 사는 사람들, 손실을 입을 확률이 높은데도 혹시나 하는 기대 때문에 대출받은 돈을 몽땅 주식에 투자하는 사람들이 있어요. 그럼 경제학은 이런 행동을 어떻게 바라보고 있을까요?

원래 경제학은 사람들이 자신의 이익을 추구하는 이기적인 존재이며, 어떻게 하면 가장 큰 만족을 얻을 수 있는지를 아는 합리적인 존재라고 생각해요. 이기적이고 합리적인 존재, 한마디로 경제적 동물로서의 인간을 말하는 호모 에코노미쿠스(Homo Economicus)가 경제학에서 말하는 인간의 얼굴이죠. 경제학자들은 이기적이면서도 똑똑하고 합리적인 인간 덕분에 자본주의가 탄생했고, 시장에서의 자유로운 경쟁을 통해 경제가 발전했다고 주장하죠.

수세기에 거쳐 경제학은 합리적인 인간이 경제활동을 통해 최소의 비용으로 최대의 이익을 얻는 이론과 원리를 연구했어요. 수학과 과학의 연구 방법을 과감하게 도입해 얻은 경제 이론과 경제 원리는 인간과 사회를 다루는 사회과학 중에서 가장 과학적이라는 찬사를 받았어요. 하지만 경제학에서 믿었던 경제적 동물로서의 인간은 이제 곳곳에서 수많은 도전을 받고 있어요.

사람들은 확률이 낮다는 사실을 알면서도 로또를 산다.

앞서 살펴봤듯이 로또를 사거나 충동구매를 하는 등 일상생활에서 흔히 발견할 수 있는 인간의 행위는 손해가 날 일은 하지 않는 경제적인 모습이라고 말하기 어려워요. 하지만 많은 사람들이 일상생활에서 이 같은 비합리적인 행위를 한다는 점은 분명해요. 그래서 최근 경제학에서는 오히려 인간을 비합리적이고 충동적인 심리를 가진 존재로 생각해야 한다는 주장이 나오고 있죠.

인간을 이기적인 존재로 생각한 경제학자 애덤 스미스.

또 이처럼 비합리적으로 행동하는 인간의 행위를 설명하기 위해 등장한 경제학이 있는데, 이게 바로 행동경제학이에요. 행동경제학은 실제 인간의 경제활동, 즉 인간이 경제의 영역에서 어떻게 행동하고 그것이 어떤 결과를 낳는지를 밝히죠. 특히 인간의 본성과 심리를 분석해서 인간이 경제활동을 할 때 비합리적이고 충동적인 선택을 하는 원인을 찾아요. 그리고 이런 분석을 바탕으로 경제의 흐름을 예측하고 경제 정책을 수립했을 때 비로소 우리가 경제 위기에 대처할 수 있다고 주장하죠.

행동경제학의 등장은 기존의 경제학으로는 세계적인 경제 위기를 제대로 진단하고 해결할 수 없다는 반성에서 나온 결과랍니다. 그래서 기존 경제학에서는 설명하기 어려운 부분을 쉽게 설명하는 동시에, 우리가 겪고 있는 현실과 잘 맞는다는 점에서 주목을 받고 있어요.

3장 경제에는 장벽이 필요한 걸까?

선생님은 버스 안에서 시위 뉴스를 들으면서 생각에 잠기곤 했어.

무역을 방해하는 장벽들을 없애 자유롭게 무역을 하면 모든 국가에게 이익이 된다면서 자유무역을 찬성하는 사람들
잘해 봅시다.

반대로 세금을 부과하고 까다로운 절차와 심사기준을 적용하는 무역장벽을 세워야만

국내 산업이 보호되고 경제가 성장할 수 있다면서 보호무역을 주장하는 사람들
들어갈 틈이 없어.

자유무역이냐 보호무역이냐를 둘러싼 갈등은 자본주의의 역사만큼이나 오래 지속된 논쟁거리지.
개방해.
싫어.

그런데 자유무역협정이 무슨 뜻이죠?
이런 이런.

그렇다면 먼저 자유무역협정이 무엇인지부터 아는 일이 무엇보다 우선이겠구나.

자유무역협정이란 영어로 Free Trade Agreement야. 머리글자를 따서 F T A 라고 하는데

두 나라가 마치 한 국가의 시장인 것처럼 자유롭게 무역을 하자며 맺은 국가 간의 약속이란다.

유럽 27개국이 가입한 유럽연합(EU)이나 미국, 캐나다, 멕시코로 이뤄진 북미 자유무역협정(NAFTA, 나프타) 등이 가장 대표적인 '자유무역협정'이지.
NAFTA

우리나라도 칠레, 유럽연합, 미국 등의 나라들과 자유무역협정을 맺었고

앞으로도 많은 나라들과 협정을 맺기 위해 노력할 거야.
어디가 좋을까?

그런데, 농민들은 왜 자유무역협정을 반대하는 거냐고?

오늘 선생님과 너희들이 바로 이 질문에 대한 해답을 찾기 위해 상상의 세계로 가 보는 거야.

그럼 준비됐지? 아브라카다브라!
펑

재판장 밖은 자유무역협정을 반대하는 사람들과

자유무역협정이 꼭 필요하다는 사람들의 외침이 한데 뒤섞여 아주 심한 북새통을 이루고 있었어.

변호인 옆에 앉아 있는 부리부리한 눈매의 남자는 자유무역을 주장해 세계적으로 명성을 날린 영국의 경제학자 데이비드 리카도(David Ricardo, 1772~1823)야.

그렇다면 변호인 맞은편 검사 옆에 앉은 오늘 재판의 원고는 누구일까?

바로 자유무역을 반대하며 보호무역을 외쳤던 독일의 경제학자이자 애국자로 알려진 프리드리히 리스트야.

리카도는 누구일까?

리카도는 런던 증권거래소 중개업자였던 아버지의 영향을 받아 사업에 남다른 재능을 발휘해 큰 재산을 모았어.

그 후 경제학에 빠져 10년간 연구에 전념해 『정치경제학과 조세의 원리』라는 저서를 집필했지.

리카도의 이름이 세상에 알려진 것은 곡물 수입을 반대하던 맬서스와 치열한 논쟁을 하게 되면서부터야.
곡물법 논쟁

또 리카도는 애덤 스미스의 자유무역 이론을 다듬어 '비교우위론'이라는 획기적인 무역 이론을 발표한단다.
오, 좋은데.
비교우위론
자유무역이론

그렇다면 리스트는 과연 어떤 인물일까?

그는 독일에서 태어나 17세에 말단 서기로 공무원 생활을 시작해 중앙 행정부의 고위직까지 승진했지.

하지만 물밀 듯 쏟아져 들어오는 영국의 상품들에 세금을 부과하여 자신의 잇속만 챙기던 독일의 각국 영주들에게 미움을 받고
관세를 폐지하여 경제적 통일을 이루자.

독일에서 추방당해 미국에서 망명 생활을 했지.
뻥
쿡

그 후 다시 독일로 돌아와 보호무역이 중요하다고 주장하며 사람들을 설득하고자 노력했지.

그런데 리스트의 얼굴에 드리워진 그늘의 의미는 뭘까?

곧바로 리카도에 대한 기소 이유를 조목조목 밝히는 검사의 진술을 함께 들어 보자.

피고 리카도는 '비교우위론'에 기초해 국가 간의 자유무역을 주장한 영국의 경제학자입니다.

이후 자유무역 이론은 200여 년의 세월을 거쳐

현재까지도 국가 간의 무역 거래에서 막강한 영향력을 발휘하고 있습니다.

세계 무역을 주도하고 있는 미국은 무역을 하는 데 걸림돌이 되는 모든 장벽을 없애자는 리카도의 자유무역주의를 철칙으로 삼고 현재 모든 나라와 자유무역협정을 주도하고 있습니다.
개방하라.
FTA

하지만 19세기 당시 공업국인 영국이 후진 농업국 수준의 다른 유럽의 나라들과 자유무역을 한 것은 어떤 결과를 가져왔을까요?

또, 최근 선진 공업국들이 개발도상국이나 약소국들과 자유롭게 무역을 하는 일은 어떤 결과를 가져오게 될까요?

자유무역을 지지하는 사람들의 주장처럼

강대국이나 약소국 모두에게 핑크빛 결과를 가져오게 되었을까요?

본 검사는 결코 그렇지 않았다고 주장합니다.

자유무역을 통해 두 나라 모두가 윈-윈(WIN-WIN) 하려면 무역을 하는 양 국가가 대등한 수준의 경제 발전을 이룬 나라여야 한다는 전제가 필요합니다.

만약 이러한 전제 조건이 갖추어져 있지 않다면 선진 공업국의 농축산물, 공산품, 의료, 교육, 법률, 금융 등의 서비스 산업과 대등한 경쟁을 할 수 없는 약소국은

경제적으로 지배당하는 처지가 되고 말 것입니다.
하 하

이에 본 검사는 피고의 자유무역 이론이 약소국 국민들의 경제적 고통을 더욱 심하게 만든 책임이 있다고 주장하며 피고의 유죄를 주장합니다.
이상입니다.

곧이어 변호인 측은 검사 측의 주장에 대해 반론을 제기했어.

조금 전 모두 진술에서 검사 측은 자유무역으로 인해 선진국의 상품이 후진국의 시장을 점령하면
후진국은 국내 산업을 발전시킬 기회를 얻지 못해 경제적 지배를 당하고 말 것이라고 주장했습니다.

그러나 이것은 자유무역에 대한 오해에서 비롯된 잘못된 주장입니다.
후진국이 왜 후진국입니까?

도로와 철도를 건설하고 공장을 움직이는 데 필요한 자본과 기술이 없기 때문이 아닙니까?

후진국에게 자유무역이 없다면

선진 공업국으로 성장하기 위해 필요한 자본과 기술을 어떻게 마련하겠습니까?
경제성장은 언제쯤 가능할까?

국내 산업을 보호한다는 이유로 모든 나라가 무역장벽을 높이 세워 버리면

피해를 입는 나라는 강대국일까요?
아니면 모든 조건에서 불리한 약소국일까요?

보호무역이 약소국의 경제성장에 도움이 되지 않는다는 것은 불 보듯 뻔하지 않습니까?

자유무역이 일부 사람들에게 손해를 줄 수는 있습니다.
웅성 웅성
쌀
쌀
반값에 팝니다.

그러나 일부의 피해를 보상하고 국민 전체가 경제성장을 할 수 있다는 더 큰 장점을 인정해 주시기 바랍니다.
검사의 이야기도 변호인의 이야기도 모두 수긍이 되지 않니?
아, 고민은 더 깊어지는데 정말 걱정이네요.

이쯤에서 리카도와 리스트가 자유무역과 보호무역을 주장하는 이론적인 근거를 한번 살펴보는 것이 판단에 도움이 될 것 같구나.
자유
보호

그럼 먼저 리카도의 설명부터 들어 볼까?

이미 아시는 것처럼 스미스 교수는 『국부론』을 통해 국가의 부는 금과 은의 양에 달린 것이 아니라
국민들이 사용하는 생필품이 얼마나 풍족한 수준으로 생산되고 소비되느냐에 달려 있다고 했습니다.
국부론

만약 모든 나라가 자유롭게 교역하면 그만큼 생필품은 다양해지고 넉넉해져

국부에 도움이 된다고 했지요.
이제 우리는 부자 나라야.

자유무역의 장점을 가장 먼저 주목한 경제학의 아버지다운 주장입니다.

저는 스미스의 자유무역론의 정당성을 경제학적으로 입증한 '비교우위론'을 발표해 그의 이론을 한 단계 더 발전시켰습니다.

비교우위론의 핵심은 자유무역이 두 나라 모두에게 이익이 된다는 것입니다.
Win
Win

준비한 표를 보면서 설명하겠습니다.

다음 표를 비교해 보십시오.

무역을 하지 않았을 경우

	칠레	영국
포도주	20	25
면화	15	30
총소득	35	55

단위: 달러

비교우위 상품만 생산해 무역할 경우

	칠레	영국
포도주	40	0
면화	0	60
비교우위	포도주만 생산	면화만 생산
소득증가분	40(+5)	60(+5)

포도주와 면화를 생산하여 왼쪽 표처럼 국민소득을 올리는 영국과 칠레 두 나라가 있다고 합시다.

물론 두 나라의 총 국민소득을 비교해 보면 영국은 칠레에 비하여 절대적으로 우위에 있습니다.

우와.

그렇다면 절대 우위에 있는 영국은 열등한 위치에 있는 칠레와 무역을 할 필요가 없을까요?

그리고 열등한 입장에 있는 칠레는 절대 우위에 있는 영국과 무역해서는 안 되는 것일까요?

무역할래?

괜찮을까?

교우위 상품만 생산해 무역할 경우

	칠레	영국
도주	40	0
면화	0	60

두 나라 모두 자급자족할 때보다

비교우위에 있는 상품을 분업화하여 그 상품만 전문적으로 생산하고 무역을 통해 교환하면

더 많은 국민소득을 벌어들이게 된다는 것을 알 수 있습니다.

이처럼 절대적으로 우위에 있는 나라든 열등한 위치에 있는 나라든

각 나라마다 자신들만이 가지고 있는 자원이나 기술을 이용해

다른 나라보다 비교우위에 있는 상품만 전문적으로 생산해 자유무역을 하면, 이전보다 더 많은 소득을 얻을 수 있다는 것이 '비교우위론'입니다.
고마워.
감사 합니다.

강대국과 약소국 모두 윈 - 윈 할 수 있는 전략이 자유무역입니다.
Win Win

예를 들어 석유가 많이 생산되는 나라라면 석유를 가공해 수출하고, 대신 다른 나라에서 자동차나 공산품을 수입해 오는 것이지요.
OIL
OIL

리카도의 열변이 끝나자 리스트는 조금의 망설임도 없이 반론을 제기했지.

어떤 경제 사상도 자신의 나라가 속한 시대적, 역사적 상황과 자국의 국경을 넘어설 수는 없으며, 경제학자는 국적을 가진 존재라는 것이 평소 저의 소신입니다.

저는 독일의 이익을, 리카도는 영국의 이익을 위해 존재하는 경제학자로서

그의 비교우위론은 당연히 자국의 상품을 자유롭게 다른 나라에 수출해 더 많은 경제적 이익을 챙기려는 목적에서 나온 무역 이론에 불과합니다.

후진 농업국인 독일이 영국과 자유무역을 하게 되면 어떤 결과가 올지 생각해 봅시다.

세계에서 알아주는 영국산 면화가 독일의 면화 시장을 점령해 버리면 독일 농민들이 면화 생산을 계속 할 수 있겠습니까?

최고 품질로 인정받은 일본의 자동차가 아무런 제약 없이 들어와 국내산 자동차와 경쟁을 한다면 국내 자동차 산업은 어떻게 되겠습니까?
폐업

또한 후진국이 비교우위에 있는 특정한 상품만 수출하게 되면

산업이 균형 있게 성장하고 강대국과 대등한 수준으로 발전할까요?
?
5
5

결국 선진 공업국의 지배를 받는 처지로 전락할 것입니다.
이럴 수가.

따라서 저는 경제 발전의 단계가 다른 나라들은 선진국과 대등한 경쟁이 가능할 때까지 수입품에 관세를 부과하고
옳거니.
경제
경제

다양한 무역장벽을 세워 자국의 산업을 보호하는 보호무역이 더 중요하다고 봅니다.

리스트의 보호무역을 강조하는 입장에서 검사는 다음과 같이 최후 진술을 했어.

수출에 대한 의존도가 미국, 일본, 영국 등에 비하면 거의 세 배에 달할 정도로 특수한 상황을 가진 우리나라는 그만큼 신중한 무역 정책이 필요하다고 생각합니다.
수출의존도

충분한 보호 장치를 마련하지 않고 시장을 개방해 버리면
어서 옵쇼.

선진국에 비해 열등한 수준에 있는 산업 분야는 경쟁에서 밀려 살아남기 힘들 것입니다.
부도
폐업

일부 산업과 사람들의 피해가 국익을 위한 불가피한 결과라고 주장하는 것이 과연 옳은 일일까요?
한미 FTA 저지하

또 곡물 값이나 원자재 가격, 석유 값이 폭등하면서 일부 나라들이 자국의 자원 수출을 통제하는 보호주의 정책으로 돌아서고 있고요.

자유무역을 지지하는 변호인의 반격 역시 만만치 않았어.

국제무역에서 자유무역주의냐 보호무역주의냐 하는 논쟁은 지난 200여 년 동안 계속되어 왔지만
선진국이나 약소국이 이만큼 발전할 수 있었던 것도 다 자유무역의 덕이라고 생각합니다.
Coffee
Coffee

자유무역을 통해 도로, 철도, 전기 등의 사회 기반 시설을 건설하여 국민 생활의 질을 높이고

각종 원자재와 부품, 선진 기술과 외국의 투자 자본까지 자유롭게 도입했기 때문에 산업 전반을 성장시킬 수 있었다는 말입니다.

국민들 역시 보다 많은 일자리를 얻고, 선진 의료, 법률, 교육, 금융 서비스를 이용할 수 있게 되었습니다.
안전

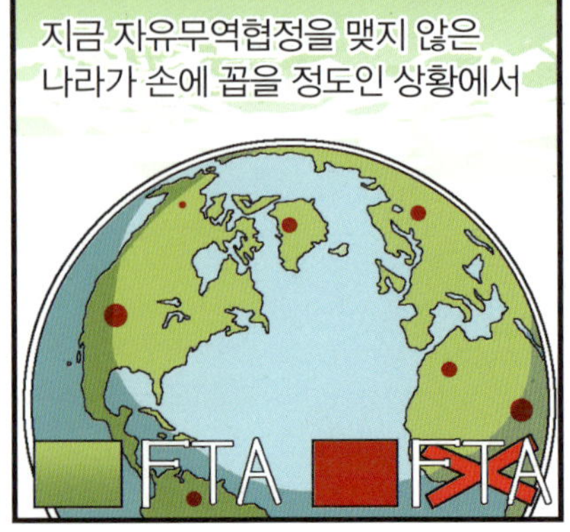

지금 자유무역협정을 맺지 않은 나라가 손에 꼽을 정도인 상황에서
FTA
FTA

우리나라처럼 수출 중심의 경제 구조를 가진 나라가 국제사회에서 고립되지 않으려면

자유무역협정이 무엇보다 절실합니다.
FTA

물론 사람들이 걱정하는 대로 자유무역으로 인해 농업과 공업 분야의 일부 산업이 피해를 볼 수 있겠지만
자유무역을 통해 얻는 이익으로 이들의 피해를 충분히 보상해 줄 수 있습니다.
지원

또 그동안 국가의 보호 아래 안이하게 생존해 왔던 기업들이 외국 기업과의 경쟁에서 살아남기 위해 노력한다면

지금보다 더 큰 경쟁력을 갖게 되는 긍정적인 효과도 있습니다.
한방 쌀
특허

경제 위기로 인해 보호무역을 외치는 목소리가 힘을 얻고 있지만
보호
보호
보호

곧 식량과 원자재 가격이 안정되면 다시 자유무역으로 돌아갈 것입니다.

만약 모든 나라가 보호무역 장벽을 높게 쌓기만 하면 특히 수출 의존도가 높은 우리나라와 같은 나라들은 어떻게 되겠습니까? 세계경제는 동시에 위축되고 말 것입니다.

그러므로 자유무역만이 경제를 되살릴 수 있는 해법이라고 주장합니다. 이상입니다.
휘이이잉

자, 얘들아, 만약 너희들이 배심원이고 재판장이라면 누구의 손을 들어 주겠니? 현실로 돌아와 이 어려운 과제를 직접 해결해 보지 않겠니?
휴정 합니다!
광광

『인어공주』와 『심청전』 으로 배우는 경제 원리

안데르센의 동화 『인어공주』의 주인공 인어공주와 우리나라의 『심청전』에 나오는 효녀 심청의 공통점은 뭘까요? 경제학의 관점에서 살펴보면 쉽게 답을 찾을 수 있어요. 인어공주는 왕자의 사랑을 얻은 대가로 목소리를 포기해야 했고, 효녀 심청은 아버지의 눈을 뜨게 만드는 대가로 자신의 목숨을 바쳐야 했어요. 그러니까 두 사람은 모두 원하는 것을 얻는 대신 그에 대한 대가를 치러야 했죠.

우리들도 살면서 인어공주와 심청과 비슷한 경험을 해요. 몸이 너무 비만해지지 않으려면 음식을 먹고 싶은 욕구를 적당히 이겨 내고 운동을 해야 해요. 시험 기간에 컴퓨터 게임을 하고 잠을 자면서 시간을 보냈다면 그 대가로 시험공부를 했을 때 얻을 수 있을 좋은 성적을 포기해야 하고요. 이처럼 모든 선택에는 그에 따른 대가와 비용이 있어요. 하나를 선택해 이익을 얻으려면 다른 것은 포기하거나 고통을 견뎌야 하죠. 한마디로 세상에 공짜 점심은 없는 거랍니다.

"세상에 공짜 점심은 없다."라는 말을 경제학 책에 처음 인용한 사람은 누구일까요? 바로 노벨 경제학상 수상자인 미국의 밀턴 프리드먼이에요. 이 말이 정확히 언제 처음 경제학적으로 사용되었는지는 확실하지 않아요. 원래는 1938년 발행된 미국의 한 신문에 실린 우화에서 처음 등장했다고 해요. 이 우화의 제목은 '경제학을 여덟 단어로 표현하면(Economics in Eight Words)'이었어요.

인어공주와 심청은 모두 원하는 것을 위해 대가를 치러야 했다.

옛날 어느 부유한 왕국에 굶는 백성이 늘어났어요. 원인을 알 길이 없어 애를 태우던 왕은 경제학자들에게 해결책을 내놓으라고 명령했죠. 2,000여 명의 경제학자들이 모여 1년 동안 연구한 뒤 한 권당

600쪽 분량의 책 87권을 왕에게 보고서로 제출했어요. 너무 많은 분량에 화가 난 왕은 경제학자들 절반을 죽이고 아주 짧은 대책을 내놓으라고 다시 명령했죠. 남은 경제학자들이 여러 차례 짧은 대책을 보고했지만 매번 왕을 만족시키지 못하고 죽었고, 결국 마지막에는 단 한 명의 경제학자만이 남았어요. 나이가 지긋한 경제학자는 경제학을 단어 8개로 된 한 문장으로 묘사했는데, 이것이 바로 "세상에 공짜 점심은 없다(There ain't no such thing as free lunch)."라는 말이었다고 해요.

1976년 노벨 경제학상 수상자 밀턴 프리드먼.

　"세상에 공짜 점심은 없다."라는 말을 경제학에선 기회비용이라고 불러요. 기회비용은 어떤 것을 얻기 위해 포기해야 하는 다른 것의 가치를 말하죠. 인어공주에게는 자신의 목소리가, 심청에게는 자신의 목숨이 기회비용이에요. 그렇다면 기회비용이 생기는 이유는 뭘까요? 이 세상의 돈과 자원은 사람들이 원하는 만큼 다 가질 수 있을 정도로 넉넉하지 않고, 우리에게 주어진 시간 역시 한계가 있기 때문이죠. 이렇게 인간의 욕구에 비해서 자원이 부족한 상태를 '희소성'이라고 하고, 이 희소성 때문에 경제학에서 기회비용은 매우 중요한 거죠.

　우리는 언제나 선택을 해야 해요. 가장 좋은 선택을 하기 위해서는 자신이 대가로 지불해야 하는 기회비용을 정확히 계산해야 하죠. 만약 지금 선택의 기로에 서 있다면 계산기를 꺼내 기회비용을 계산해 보는 것이 어떨까요? 세상에 공짜 점심은 없으니까요.

선생님과 지금까지 만나고 왔던 애덤 스미스, 맬서스, 리카도와 같은 19세기 경제학자들을 '고전학파'라고 한단다.

이들에 의해 경제학이 맨 처음 독립된 학문이 되었고

이후 모든 경제학이 이들의 경제학 이론을 고전(古典)으로 삼아 자신들의 이론을 전개했기 때문에 붙여진 이름이지.

고전학파를 대표하는 경제학자들을 두루 만나고 온 지금, 이제 경제란 무엇인가라는 질문에서 한 발 나아가 경제학이란 어떤 학문인지를 알아볼 때가 되었어.
경제
?

너희들 모두 용돈을 충동적으로 써 버리고 후회를 해본 경험들이 한두 번 이상 있을 거야.
수퍼
아이스크림

당연히 선생님도 예외는 아니지.
선물 가게

개인이든 국가든 가진 돈이나 자원은 일정하게 정해져 있기 때문에

그것을 제대로 관리하지 못해 불행에 빠지는 것은 그야말로 경제적인 일이 아니지.
우르르
돈이 없으니 당분간 자린고비다.

왜냐하면 이미 우리가 배웠듯이 가정이나 나라 살림을 잘 관리해 사람들이 편안하고 행복해지도록 돕는 일이 바로 경제이기 때문이야.
그것이 바로 경제.

경제학이란 사람들이나 국가가 가진 제한된 자원을 어떻게 관리하고 경영해야
관리도 안 되어 있고 어수선해.
가장 큰 만족을 얻고 행복해질 수 있는지를 연구해 알려 주는 학문이라고 하면 되지 않을까?
은행
○○은행
이자2%
창 고

조금 전문적인 용어를 사용하면, 국가에게는 한정된 자원으로 무엇을 생산해 누구에게 분배하고 어떻게 소비해야 하는지를 알려 주고
경쟁력
자원

개인에게는 얼마를 어떻게 소비하고 얼마를 어떻게 저축해야 가장 큰 만족을 얻을 수 있는지를 알려 주는 학문이지.
자산 관리

그런데 고전경제학이 수립된 이후로 경제학의 세계는 두 갈래의 서로 다른 방향으로 발전했어.
고전 경제학
경제학

자본주의를 지지하고 옹호하는 길과
자본주의

반대로 자본주의는 일부 사람들만 부자로 만들어 주는 잘못된 경제 제도라며
본주의

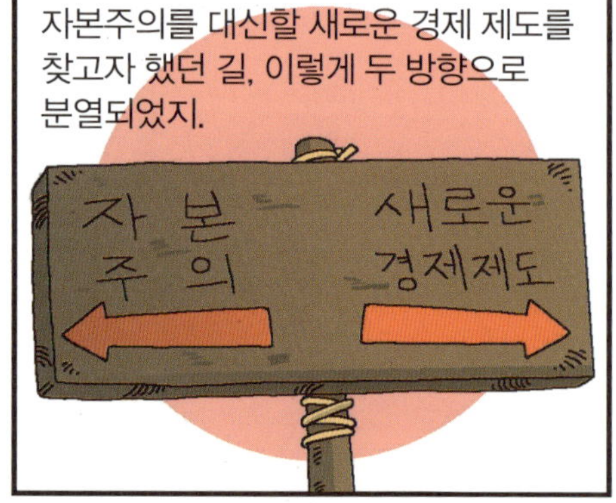

자본주의를 대신할 새로운 경제 제도를 찾고자 했던 길, 이렇게 두 방향으로 분열되었지.
자본 주의
새로운 경제제도

경제학이 이렇게 분열된 원인은 19세기 당시 영국에서는 애덤 스미스의 '보이지 않는 손' 덕분에 부자가 된 사람들과

'보이지 않는 손' 때문에 가난과 질병, 가혹한 노동에 시달리는 가난한 사람들로 분열되어 있었기 때문이지.

오늘 우리가 만날 주인공은 자본주의의 어두운 그늘에 놓인 노동자들의 목소리를 대변하고자 했던 경제학자 칼 마르크스란다.

자, 그럼 주문을 외우며 상상의 세계 속으로 들어가 경제학은 과연 누구를 위한 학문이어야 하는지를 알아볼까?

선생님은 넓은 이마에 덥수룩한 구레나룻을 기른 날카롭지만 어딘지 온화해 보이는 마르크스에게서 시선을 뗄 수가 없었어.
호오~

1818년 독일에서 출생한 마르크스는 베를린 대학을 다니면서 전공인 법학보다는 역사와 철학 공부에 더 열심인 학생이었어.
법

당시 마르크스는 대립과 갈등을 극복하면서 새로운 단계로 발전해 간다는 헤겔의 변증법에 특히 매력을 느꼈단다.
매력적이야!

반정부 활동을 하던 마르크스는 독일에서 추방을 당해 파리로 건너가는데
마르크스 신문 프로이센 정부들 각성하라.

파리에서 프리드리히 엥겔스와 운명적으로 만나게 되지.

1848년 자유와 평등의 이념을 내건 혁명의 깃발이 온 유럽을 뒤덮고 있을 때 마르크스 역시 엥겔스와 함께 『공산당 선언』이라는 유명한 정치선언문을 발표하며 노동자 혁명을 주도적으로 이끌었어.
〈공산당 선언〉
자유!
평등!
와
야ー

하지만 혁명이 실패로 돌아가자 프랑스에서도 추방당해서 영국 런던의 빈민가에서 궁색한 삶을 살았단다.

그 후 험난한 가시밭길을 걸어왔던 마르크스는 가난과 질병을 견디며 대영박물관 도서관을 서재 삼고 10여 년의 땀과 열정을 쏟아 그 유명한 『자본론』을 완성했어.
자본론
콜록
콜록

검사는 『자본론』을 집필한 마르크스가 20세기를 자본주의와 공산주의로 분열시켜 대립과 갈등을 조장했다며
그 책임을 물어 기소한다고 단호하게 주장했어.

마르크스는 『자본론』에 대해 다음과 같이 말했어.

이 의문에 대한 해답을 찾기 위해 자본주의경제가 작동하는 원리를 연구하기 시작했고

애덤 스미스나 맬서스와 리카도 등 고전 경제학자들의 경제학을 분석하며 연구에 매달렸습니다.

그렇게 해서 마침내 자본주의 자체의 문제를 경제학적으로 증명해 낸 『자본론』을 세상에 내놓을 수 있었고
자본론
해냈다!

이로써 이제까지와는 다른 또 다른 경제학의 세계를 이뤄 냈습니다.

이 책은 출판 직후 자본주의를 지지하는 사람들로부터 거센 공격을 받았지만

노동자들에게는 성서와도 같은 책이라는 찬사를 받았지요.

그렇다면 마르크스 자본론에 담긴 경제학의 핵심 이론은 무엇일까?
자본론

마르크스 경제학을 받치고 있는 뼈대는 '노동가치설'일 거야.

노동가치설은 자본주의사회에서 생산되고 소비되는 모든 상품은 노동에 의해서 생산된 물건이어서

상품의 가격은 그 상품을 생산하는 데 어느 정도의 시간이 들어갔는지를 계산해서 결정한다는 이론이란다.

물론 노동가치설은 이미 애덤 스미스나 리카도와 같은 고전학파들이 주장한 이론이지.
내가 먼저.
내가 먼저.

하지만 마르크스는 빈부 격차가 노동가치설만으로는 설명이 되지 않는다는 것을 발견하고

여기서 한 단계 더 나아가 '잉여가치론'을 발전시키게 돼.
잉여 가치론

잉여가치론은 처음 듣는 단어일거야. 선생님이 예를 들어 설명해 볼게.

어떤 노동자가 자신의 노동력을 자본가에게 제공했다고 가정해 보자.
인간의 노동력도 돈을 받고 사고파는 상품이지.

노동력을 사들인 자본가는 이 노동자에게 하루 12시간의 노동을 시켰어.
퇴근해.

이때 노동자가 받은 임금, 즉 노동력을 상품으로 제공하고 받은 임금이 과연 이 노동자가 실제로 일한 노동의 정당한 대가일까?
겨우?
절대 그렇지 않아!

자본가가 노동자에게 지불한 임금은 노동자와 그 가족이 죽지 않고 겨우 목숨을 유지할 정도의 생활비이며

6시간의 노동만 하면 되는 수준의 임금일 뿐이었어.

그럼, 이 노동자가 하루 12시간 노동을 했다는 것은 무슨 의미가 되는 걸까?

이 노동자가 받은 임금에 해당하는 6시간의 노동시간을 제외하고, 할 필요가 없는 부당한 노동을 6시간이나 더 했다는 뜻이라는 거야.

그리고 이 노동자가 부당하게 한 노동을 '잉여노동'이라고 부르고

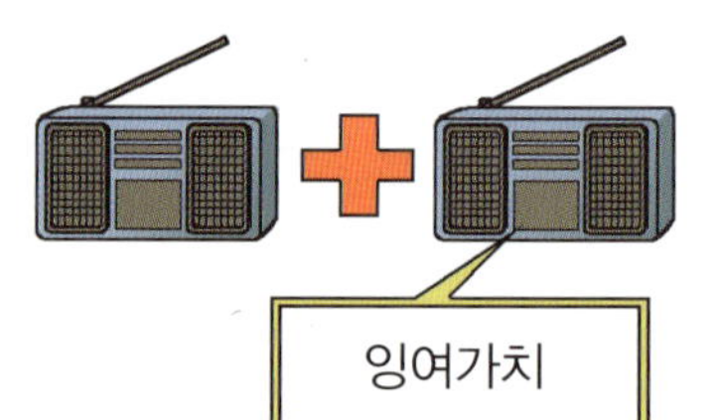

이 잉여노동시간에 노동자가 생산한 상품의 가치를 '잉여가치'라고 불렀단다.
잉여가치

그렇다면 '잉여노동' 혹은 '잉여가치'가 왜 문제가 되는 것일까?

너희들도 짐작하겠지만 노동자가 할 필요도 없는 '잉여노동'을 강요당하면서 생산해 낸 '잉여가치'는 노동자의 몫으로 돌아오지 않고 고스란히 자본가의 금고 속으로 들어가지.
조금 더 주세요.
그거면 충분해.
그야말로 잉여가치란 자본가가 노동자를 착취해서 벌어들인 부당한 이익이야.

자본가들은 잉여노동시간을 늘리면 늘릴수록 더 많은 이윤을 벌어들여 갈수록 부자가 되고

노동자들은 적은 임금으로 살인적인 노동시간에 시달리는데도 갈수록 가난해질 수밖에 없는 거지.

이제 자본주의가 불평등한 경제 체제라고 했던 이유를 이해할 수 있겠지?
자본주의

그런데 참 이해가 안 가요? 노동자들은 왜 이런 부당한 잉여노동을 거부하지 못하죠?

자본가는 공장도 기계도 자본도 모두 가진 부자, 다른 말로 유산자(有産者)인 반면

당시 노동자들은 자신의 몸뚱이를 팔지 않으면 생존이 불가능한 무산자(無産者)여서 자본가가 주는 일자리라도 얻지 못하면 당장 자신과 가족의 생존 자체가 불가능한 가난한 사람들이기 때문이지.

이윽고 변호인 측에서 반론을 제기하기 위해

프랑스에서 온 경제학자 장 밥티스트 세이를 증인으로 등장시켰어.
Jean-Baptiste Say
1767~1832

세이는 비록 자신도 애덤 스미스 경제학의 충실한 제자이지만 노동가치론이나 마르크스의 잉여가치론은 도저히 인정할 수 없다면서 단호하게 반론을 제기했어.
난 인정 못 해!
흥!

생산이 이루어지는 원리를 잘 보세요. 토지(원료와 자재)와 자본, 노동, 이 세 가지가 모두 다 있어야만 생산이 가능하지 않습니까?

상품의 가치는 마르크스의 주장처럼 '노동'만이 결정하는 것이 아닙니다.

생산의 3요소가 생산 활동에 똑같이 기여한 대가로, 토지를 제공한 사람은 지대(땅값)를, 자본을 제공한 자본가는 이윤을, 그리고 노동력을 제공한 노동자는 임금을 받는 것입니다.

따라서 자본가가 노동자가 '잉여노동'으로 생산한 잉여가치를 부당하게 착취한다는 마르크스의 주장은 자본주의를 자본가와 노동자계급으로 분열시키고 갈등을 조장하는 짓입니다.

자본가 역시 자본을 투자했고 부지런히 공장을 경영했으며

새로운 기술을 개발해 생산량을 늘리기 위해 땀 흘려 노력했습니다.

그리고 그 대가로 정당하게 '이윤'을 받는 것뿐입니다.
정당한 거야.

먹고 싶은 거 안 먹고, 놀고 싶은 거 안 놀고, 열심히 자본을 모은 자본가가 이윤을 얻는 것이 뭐가 부당하고 잘못됐다는 것입니까?
열심히 일해서 모은 돈으로 정당하게 버는 거야.

감정적인 목소리로 열변을 토하는 세이의 면전에서 마르크스가 한쪽 손을 들어 올렸지.

마르크스는 굳게 다문 입을 열어 다음과 같이 세이에게 반론을 제기했어.
재판장님!

저는 세이 씨를 비롯한 자본주의 경제학자들에게 묻고 싶습니다.

지주나 자본가가 '지대'와 '이윤'을 받는 것이 노동자가 '임금'을 받는 것과 어떻게 똑같이 정당하고 공정한 대가인지를 말입니다.
부럽다.

토지를 빌려 주고 비싼 지대를 챙기는 지주들에 묻습니다.
지주

지주들이 과연 스스로 팔을 걷어붙이고 땀을 흘려 가며 땅에 거름을 주어 본 적이 있습니까?
그걸 내가 왜 해?

아니면 원료와 자원을 채취한 적이 있습니까?
그건 노동자들이 해야지.

그리고 자본가에게 묻습니다.

자본가들이 가진 '자본'이나 '기계'는 처음 누가 어떻게 만들어 준 것입니까?

모두 농민과 노동자들이 땀 흘려 생산한 것 아닙니까?

과연 지대와 이윤을 실제로 만들어 낸 사람이 누구인지를 생각해 보시기 바랍니다.

죽도록 일하고도 정당한 대가를 받지 못하는 노동자와 달리

단지 토지와 자본을 가졌다는 이유로 막대한 이윤을 챙기는 것이 과연 공정한지 묻고 싶습니다.

검사는 역전된 법정의 분위기를 되돌려 놓기 위해 마르크스의 자본주의 붕괴론을 반박하기 시작했어.
자본론

마르크스는 자본가들이 더 많은 이윤을 벌어들이기 위해 경쟁을 벌이다가

과잉 생산을 초래해 기업이 연쇄적으로 파산하고
공장

자본주의가 위기에 빠지는 경제공황을 겪는 것이 자본주의의 피할 수 없는 운명이라고 주장했습니다.
콰
콰
자본주의

그리고 가혹한 노동에 시달리던 노동자들이 목숨을 걸고 저항의 깃발을 들면서 결국 자본주의는 붕괴할 수밖에 없다고 말했죠.

하지만 피고가 살았던 19세기를 지나 21세기인 오늘날까지도 자본주의는 세계에서 가장 강력한 영향력을 가진 제도로 존재하고 있습니다.
자본주의

그렇다면 피고의 경제학 이론이 오류가 아니고 무엇입니까?

검사의 날카로운 지적에 이어 세이 역시 반박을 이어 갔단다.

마르크스는 과잉생산으로 상품은 넘쳐나는데 그 상품을 소비할 능력이 없는 노동자들의 가난 때문에

결국 자본주의는 붕괴할 수밖에 없다고 주장했습니다.
우르르르르
주의

그러나 그 수많은 경제 위기에도 불구하고 여전히 자본주의가 존재하고 있는 것은 무엇 때문입니까?
저는 상품이 시장에 공급될 때마다 그 상품에 대한 수요와 소비는 자연적으로 따라온다고 주장합니다. 한마디로 "공급은 스스로 수요를 창출한다." 라는 것이지요.

라디오라는 새로운 상품이 등장하면 라디오에 대한 수요가 만들어지고
지금은 라디오 시대!

이제껏 없었던 자동차가 나오면 새로운 자동차에 대한 소비가 자연스럽게 따라오지 않습니까?
사고 싶다.

따라서 마르크스의 주장처럼 공급은 늘어나는데 수요가 부족해 경제가 무너지는 일은 없습니다.
제
말도 안 되죠.

마르크스는 세이의 얼굴을 물끄러미 바라보면서 예의 그 나직한 목소리로 이렇게 반박을 했지.
하~!

기술 수준이 낮고 기계가 공장 생산에 도입되기 이전 항상 수요가 공급을 초과하던 산업혁명기에는 분명 세이의 주장이 설득력이 있습니다.
빵
품절

공장에서 대량으로 물건을 만들 만한 수준이 되지 않았던 이 시기에는 수요에 비해 공급이 늘 모자랐지요.
겨우 이것뿐이야?

생산만 하면 소비할 사람은 언제든 존재했죠.
마지막 한 개!
내가 살 거야.

그러나 자본주의는 발전해 가는 것입니다.

자본주의의 발전이란 자본가들이 새로운 기술과 기계를 도입해 잉여노동시간을 늘려

무한 경쟁을 한다는 것을 의미합니다.

이런 상황에서는 늘 공급이 수요를 앞질러 가고

노동자들은 적은 임금을 받거나 실업자 신세로 전락하지요. 결국 수요 부족으로 인한 공급 과잉은 자본주의를 무너뜨리는 숙명입니다.
세이의 주장이 더 이상 진실일 수는 없습니다.

다시 날카로운 검사의 주장이 무거워진 재판장을 갈랐지.
고 - 용

마르크스는 자본주의에 대한 증오심에서 학자로서 객관적인 입장에서 이론을 제시해야 한다는 본분을 잊고 자본주의의 붕괴를 주장한 오류를 범했습니다.

그의 주장을 근거로 공산주의 혁명이 실제로 일어나 세상이 분열된 책임을 물어 유죄를 주장하는 바입니다.
유죄예요!

과연 마르크스는 자본주의 세계를 혁명으로 무너뜨리고자 했던 공산주의자에 불과한 것일까?
아니면 "경제학이 과연 누구를 위해 존재해야 하는가?"에 대한 또 다른 해답을 던진 경제학자일까?
우리 함께 생각해 보자꾸나.

미니스커트와 길거리 경제지표

　기상청이 일기예보를 하듯이 통계청이나 한국은행에서는 우리나라의 경제 상황이 좋은지 나쁜지를 발표하죠. 이걸 경제지표라고 불러요. 이 경제지표를 통해 사람들은 국가의 경제 상황이 어떤지 알 수 있고 더 나은 목표를 위해 개인이나 국가가 무엇을 어떻게 해야 할지를 결정할 수 있어요. 날씨도 좋은 때가 있고 나쁠 때가 있듯이, 경제도 물가가 안정되고 실업률이 줄어드는 호황기가 있고 그 반대인 불황기가 있어요. 이처럼 경제 상황은 호황기와 불황기 사이를 주기적으로 순환하면서 변동을 한다는 특징이 있죠.

　그런데 경제지표에는 통계청이나 한국은행 같은 정부 기관에서 발표하는 공식적인 자료만 있는 것은 아니에요. 공식적인 통계 외에도 사람들의 생활 속에서 발견되는 여러 가지 현상들을 근거로 경제 상황을 판단하는 일명 '길거리 경제지표'라는 것이 있어요. 말하자면 사람들이 피부로 느끼는 생활 속 경제가 길거리 경제지표예요. 이런 길거리 경제지표는 공식적인 기관의 통계와 많은 차이가 나기도 해요. 하지만 종종 사람들은 공식적인 경제지표보다 길거리 지표를 더 신뢰하죠.

　그렇다면 길거리 경제지표에는 어떤 것들이 있을까요? 가장 대표적인 것은 치마 길이와 관련된 경제지표예요. 예를 들어 어떤 패션 디자이너가 올해 미니스커트가 유행할 것이라는 전망을 하면 사람들은 그것을 불황의 신호라고 여겨요. 여자들의 치마 길이가 짧아지면 경제 상황은 나빠진다는 속설 때문이죠. 도대체 이와 같은 미니스커트 경제지표는 언제 어떻게 생겨났을까요?

　17세기 영국의 리처드 스틸 경은 주식 가격과 여성의 머리 장식의 높이를 관찰해 "주가는 여성

길거리 경제 지표는 생활 속 경제 상황을 말해 준다.

의 머리 장식 높이에 따라 오르기도 하고 내리기도 한다."라는 주장을 폈어요. 이 주장을 시작으로 1920년대에는 미국 컬럼비아 경영대학원 폴 니스트롬 교수가 "불황엔 치마 길이가 길어진다."라는 '치마 길이 경제론'을 내놓았고요. 이어서 미국의 경제학자 마브리가 1971년 뉴욕의 경제 상황과 치마 길이의 관계를 연구하면서 "치마의 길이가 짧아지면 주가가 오르고 경기가 좋아진다."라는 '치마 길이 이론'을 주장하죠.

치마의 길이가 경제 상황을 말해 준다는 경제학 이론도 있다.

　그러나 폴 니스트롬 교수나 마브리의 주장과는 반대로 최근에는 "경제 상황이 나빠지면 오히려 미니스커트가 유행한다."라는 주장이 만만치 않은 힘을 얻고 있어요. 우리나라에서도 미니스커트의 유행을 불황의 신호로 여기죠. 치마 길이를 두고 벌이는 서로 다른 주장을 우리는 어떻게 이해해야 할까요?

　먼저 불황일 때 치마 길이가 길어진다는 주장은 경제적으로 어려운 상황일 때 여성들이 보호받고 싶은 심리를 드러내 긴 치마를 입는다는 뜻이에요. 반면 불황일 때 치마 길이가 짧아진다는 주장은 불황 탓에 소비가 줄어들기 때문에 패션 업계에서 미니스커트를 유행시킨다는 말이에요.

　결국 치마 길이를 기준으로 한 길거리 경제지표는 과학적으로 증명된 것이라기보다는 국가와 사회의 상황에 따라 만들어진 하나의 가설에 불과해요. 따라서 이런 길거리 경제지표에 전적으로 의지해 경제 상황을 예측하는 어리석은 일은 없어야겠죠? 하지만 동시에 생활 속 경제지표가 사람들의 경제 상황을 더 정확히 반영한다는 것 역시 잊지 말아야 한답니다.

5장 경제학은 무엇을 위해 존재하는가?

고전학파는 시장의 '보이지 않는 손'에 모든 경제활동을 맡기기만 하면

무엇을 얼마만큼 생산해서 누구에게 분배하며, 얼마의 가격을 받아야 하는지 등을 시장이 다 알아서 결정해서
1000

국가가 부강해지고 사회가 풍요로워진다고 확신했지.

하지만 '보이지 않는 손'에 대한 이들의 확고한 믿음은 19세기 말에 서서히 무너지기 시작했단다.

심각한 빈부 격차로 인한 자본가와 노동자의 대립과 갈등

열악한 노동환경과 살인적인 노동 시간 단축을 요구하는 노동자들의 조직적인 저항

자본주의에 반대하는 경제학의 강력한 도전
자본주의
도전장
경제학

자본주의의 맹주로 위력을 떨치던 영국에 대한 미국, 독일, 프랑스의 강력한 도전 등
어이

안팎의 도전 앞에 자본주의 세계에 대한 영국의 영향력이 점점 약화되었고,
영국 자본주의를 이론적으로 뒷받침하던 고전경제학 역시 흔들리기 시작했어.

이 같은 고전학파의 흔들리는 위상을 확고히 바로잡아 자본주의 수호라는 지상 과제를 해결하기 위해 등장한 경제학이 신고전학파란다.

'신고전'이라는 이름 속에는 고전학파의 이론을 이어 가면서도 동시에 고전학파를 뛰어넘었다는 이중의 의미가 담겨 있지.

오늘 우리가 만날 영국의 앨프리드 마셜이 바로 신고전학파의 대표적인 경제학자야.
Alfred Marshall
1842~1924

신고전학파를 다른 말로 '케임브리지학파'라고도 하는데
Cambridge

마셜과 마셜의 뒤를 이은 피구, 케인즈, 로버트슨, 로빈슨 등의 신고전학파들이

케임브리지 대학 경제학과 출신이었기 때문이란다.

자, 그럼 이제 선생님과 함께 신고전학파의 세계로 들어가 볼까?
아참, 그런데 너희들이 신고전학파를 만나기 전에 미리 알아 둘 것이 있어.

신문의 경제 기사나 경제학 책에서 빠지지 않고 등장하는 게 수식과 통계, 그래프지.
그런데 경제학이 언제부터 이렇게 수식과 그래프 등과 친밀한 학문이 되었을까?

19세기 말 마르크스나 리스트처럼 경제문제를 정치적이고 사회적인 문제와 결합시키는 데 반대하면서
정치
경제
사회

경제 현상만을 따로 떼어 분석하고 증명해 이론을 만든 다음
정치
사회
경제

현실의 경제문제를 해결하는 데 적용해야 한다고 주장한 경제학자들이 있었어.
경제학

물론 이들 대부분은 수학에 뛰어난 재능을 가진 사람들이었고, 수학의 미분, 적분, 함수식을 이용해 경제 현상을 분석하고 증명해 경제 이론을 수립하는 일에 아주 자연스럽고 능숙했지.
경제학
√2+3
2³
5(x+4)=

경제와 수학의 만남은 비록 경제학이 어려운 학문이라고 느끼게 만들었지만
경제학
크윽!

사회과학 중에 가장 정밀한 학문이 되기도 했어. 그 장본인이 마셜이야.
그래서 마셜을 근대경제학의 아버지라고 부른단다.

하지만 마셜을 만나러 가는 일을 너무 두려워하지 마.

이 선생님이 어려운 수학 공식을 잘 피해 가면서
(x+2)
√2+2
⅔ x2

신고전학파의 세계로 안내할게.
아브라카다브라!
펑

변호인 옆에 백발에 부드러운 인상을 한 앨프리드 마셜 교수가 앉아 있는 게 보이지?

1842년 런던에서 출생한 마셜은 창백한 얼굴 때문에 '양초'라고 놀림을 받으면서도 공부에 몰두했고

케임브리지 대학에 진학해서는 경제학의 매력에 푹 빠져 끝내 이 대학에 경제학부를 신설해 교수가 되었다고 해.
경제학부

특히 20세기 경제학계를 주름잡은 케인즈를 비롯한 쟁쟁한 경제학자들을 배출한 것으로 유명하지.

마셜이 20여 년간 공을 들여 출판한 『경제학 원론』은 지금도 경제학 교과서의 모범이라고 평가받는 책이란다.
경제학 원론

그렇다면 고전경제학에 대한 거센 공격에 맞서는 신고전학파의 이론적 무기는 무엇이었을까?
?

마르크스의 '노동가치론'에 맞서는 '한계효용론'이란다.
노동 가치론
한계 효용론

그렇다면 한계효용론은 무엇이고 누가 처음 주장한 이론일까?

상품의 가격 결정에 관한 경제학 이론을 흔히 가치론이라고 하는데

애덤 스미스나 리카도 등의 고전학파는 상품을 생산하는 데 드는 비용
150
+270
+123

즉 생산비용이 상품의 가격을 결정한다고 주장했어.
생산비
가격

기계나 원료, 자본, 토지, 노동자 등 생산을 하는 데 필요한 요소들을 구입하기 위해 들어간 비용이 상품의 가치를 결정한다는 뜻은
가격

생산과 공급에 드는 비용이 상품의 가격을 결정한다는 의미인 거야.
비용

특히 마르크스는 생산요소 중 노동자들의 노동만이 상품의 가치를 결정한다는 노동가치론을 자신의 이론적인 토대로 삼았어.

한계효용론은 상품의 가치가 생산비용 가치에 의해 결정된다는 고전학파의 주장을 반대하면서
반대!
한계 효용론

소비자가 상품에 얼마나 심리적으로 만족을 느끼느냐에 따라 가격이 결정된다고 주장했어.
호오~
심리적 만족감을 흔히 '효용'이라고 하기 때문에 '효용가치론' 이라고 말하기도 한단다.

사람들이 어떤 상품을
소비할 때마다 얻는 만족감

즉 효용은 늘어나기도 하고 줄어들기도 하는데, 이러한
효용의 크기가 바로 상품의 가격을 결정한다는 거지.
이게 디자인도 좋고
소리도 깨끗하네.

1870년대를 흔히
경제학에서는 '한계혁명의 해'
라고 부른단다.

1871년 영국의 제본, 오스트리아의 칼 멩, 1874년 레옹 왈라스 등의
경제학자 3인방이 서로 다른 곳에서 '한계효용론'을 발표했는데
한계효용
한계효용
한계효용

사람들은 이들 '한계효용론자'들의 주장이 노동가치론의
싹을 완전히 잘라 냈다고 보고 있어.
노동
가치론
얍!
한계
효용론

특히 프랑스의 경제학자 레옹 왈라스는 소설을 쓰는
문학도에서 뒤늦게 경제학도로 변신한 인물이었는데
√2
X + 3 =
경제학

스위스 로잔 대학 교수로 있던 1874년 『순수경제학의 원리』라는 책을 통해
시장은 수요와 공급이라는 두 상반된 힘에 의해서 전체적으로 균형을
이룬다는 '일반 균형이론'을 주장해,
순수경제학의 원리
수요
공급
일반 균형이론

앨프리드 마셜의 신고전학파에게
이론적인 틀을 제공해 주었지.

그렇다면 마셜의 신고전학파는 어떤 경제학일까?

이 물음에 답하기 위해서는 한계효용론에 대해 먼저 알아보는 것이 순서일 거야.
한계 효용론

한계효용론을 설명하기 위해 쉬운 예를 들어 볼게.

아주 더운 여름날, 한 개에 30원인 아이스크림을 사 먹는다고 가정해 보자.
맨 처음 먹은 아이스크림은 가장 큰 만족감을 가져다 주겠지?
아이스크림

이때 첫 번째 아이스크림이 준 만족감, 즉 효용의 크기가 100원이라면, 두 번째 아이스크림은 효용 80원, 세 번째는 50원이야.
100 100
80 80
50 50
1
2
3

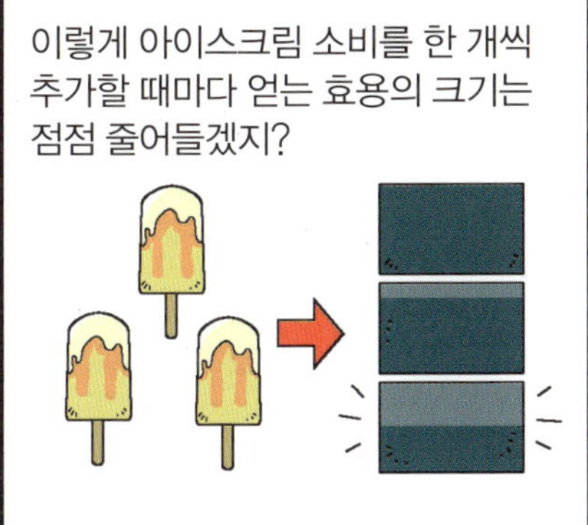

이렇게 아이스크림 소비를 한 개씩 추가할 때마다 얻는 효용의 크기는 점점 줄어들겠지?

그런데 경제학에서는 상품의 소비를 '하나 더 추가한다'는 의미를 '한계'라고 한단다.
추가

처음 먹은 아이스크림으로 얻은 효용이 100원이라면
100

두 번째 아이스크림으로 얻은 한계효용은 80원은, 세 번째는 50원이 되는 거지. 물론 세 개의 아이스크림으로 얻은 효용의 합계, 즉 총효용을 돈으로 따져 보면 230원이겠지?
별로네
100 + 80 + 50 =?

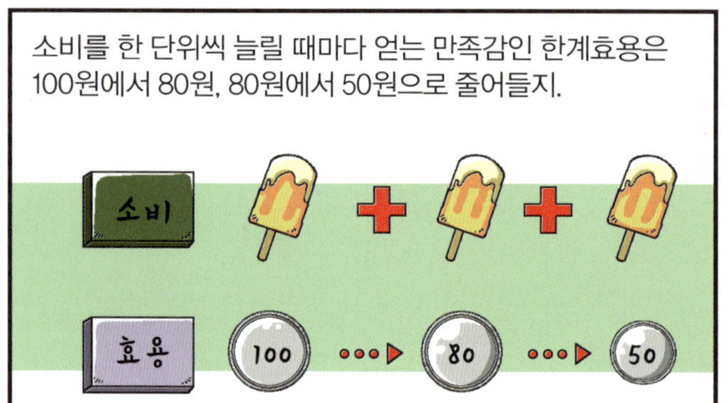

소비를 한 단위씩 늘릴 때마다 얻는 만족감인 한계효용은 100원에서 80원, 80원에서 50원으로 줄어들지.
소비
효용
100
80
50

아무리 맛있는 음식도 계속 먹으면 맛이 없어지는 법이니까.
또 소시지야?
반찬 투정 하지 마!

한계효용론자들은 이렇게 소비를 한 단위씩 늘릴 때마다 얻는 효용이 점점 줄어드는 것을 '한계효용체감의 법칙'이라고 불렀단다.
이것이 한계효용의 법칙!

그렇다면 '한계효용체감의 법칙'과 '경제학'은 어떤 관련이 있을까?
한계효용 체감의 법칙
경제학
?

이 대목에서 경제학이 어떤 학문인지를 떠올리는 것이 필요해.
경제학

한정된 돈을 가지고 가장 큰 만족을 얻을 수 있는 방법을 연구하는 학문을 경제학이라고 했지.
음.

그런데 바로 이 물음에 대한 해답을 '한계효용체감의 법칙'이 알려 주고 있단다.
한계효용 체감의 법칙

다시 예를 들어 설명해 볼게. 너희들이 한 개에 30원인 아이스크림을 사 먹었을 때 다음과 같이 한계효용이 줄어들었다고 가정을 해 보자.
이때 아이스크림을 몇 개나 사 먹어야 가장 큰 만족을 얻을 수 있을까?

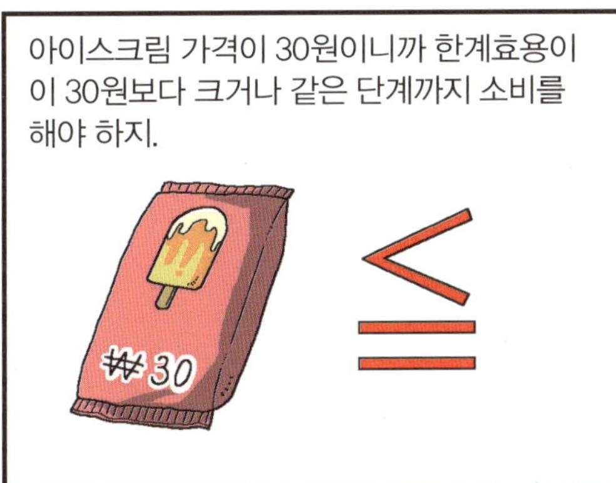

아이스크림 가격이 30원이니까 한계효용이 이 30원보다 크거나 같은 단계까지 소비를 해야 하지.
₩30

슈 퍼
이 경우에는 아이스크림을 세 개 소비했을 때 가장 큰 만족을 얻는 소비를 할 수 있는 거란다.
야호~

그런데 아이스크림을 네 개 사 먹게 되면
한 개 더!
맛나 바

아이스크림 가격은 30원인데, 한계효용은 20원이니까 10원의 손해를 본다는 말이야.
배 아퍼.
데굴
데굴

그렇다면 이런 의문이 들지도 몰라.

여러 가지 상품을 동시에 소비하는 경우에는 어떻게 해야만 가장 큰 만족을 얻을 수 있을까?
O K 마트
얼씨구

바로 상품 각각의 한계효용이 균등해지는 단계에서 이루어지는 소비가 가장 큰 효용을 가져다주지.
엄청난 한계효용이군.

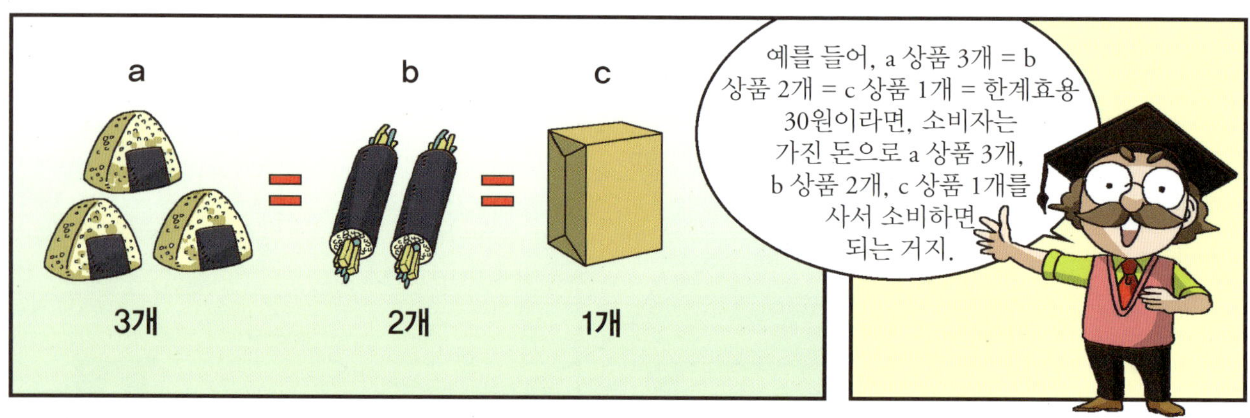

a
b
c
3개
2개
1개
예를 들어, a 상품 3개 = b 상품 2개 = c 상품 1개 = 한계효용 30원이라면, 소비자는 가진 돈으로 a 상품 3개, b 상품 2개, c 상품 1개를 사서 소비하면 되는 거지.

이렇게 여러 개의 상품을 소비할 때 각 상품의 한계효용이 균등한 지점에서 소비를 하는 것이 만족이 가장 커지는데
좀 더 사요.
이만큼이 적당한 소비야.

이것을 한계효용에 관한 두 번째 법칙 '한계효용균등의 법칙'이라고 하는 거야.
한계효용
균등의 법칙

그럼 이제 기억 창고에 저장된 처음 질문, 마셜의 경제학은 어떤 경제학인지 알아보자.

마셜은 상품의 가치가 상품을 소비하면서 얻는 주관적인 효용에 의해 결정된다는 한계효용론과 시장은 자동조절 기능이 있어 늘 균형을 이룬다는 왈라스의 균형이론을 받아들였어.
자!
균형 이론
호오. 괜찮군.

상품의 가격이 생산비용이나 투입된 노동량 그리고 사람들의 주관적인 만족감인 효용, 그 어느 한 가지만으로 결정되는 것이 아니라고 보고
이건 아니야.

시장에서 상품에 대한 수요와 공급이 만나 균형을 이루는 지점에서 결정된다는 '수요 공급 곡선'을 발표하지.

수요가 공급보다 많으면 상품의 가격은 올라가고, 반대로 공급이 수요보다 많으면 가격이 내려가서

정부가 개입하지 않아도 시장에서 상품 가격이 적절하게 결정된다는 의미가 담겨 있어.

상품의 가격만이 아니라 서비스, 임금, 토지의 가격까지도 모두 이 그래프에 따라 결정되지.

마치 가위가 양 날개를 펼친 모양, 혹은 십자 모양과 비슷하다고 해서 사람들은 이 그래프를 '마셜의 십자' 혹은 '가위 모양'이라고 불렀단다.

더 나아가 마셜은 기업가가 한정된 자원과 생산시설을 가지고 어떻게 최대의 이윤을 얻을 수 있을지 연구해서

'한계생산력체감의 법칙'을 발표하는데, 이 때문에 자본가의 입장만 대변하는 경제학이라고 비판받았지.

마셜에 따르면 무한정 고용을 늘린다고 해서 얻는 이윤이 무한정 늘어나는 건 아니야.
오히려 손해잖아.

그렇다면 기업가는 어느 정도의 노동량을 투입해야 가장 큰 이윤을 얻을 수 있을까?
알려 줘.

그리고 최대의 이윤을 얻기 위해서 노동자에게 어느 정도의 임금을 지불하는 것이 적당한 것일까?
흐음.
월급날

마셜은 노동자를 한 명씩 더 늘릴 때마다
1+
2+
3×
1
2
3
4
5

맨 마지막으로 투입된 노동자가 생산해 낸 수익
10

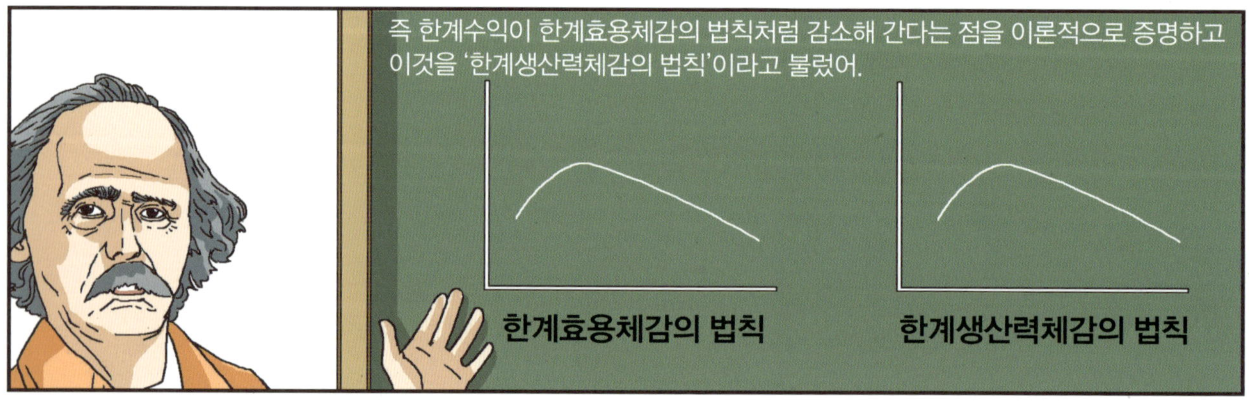

즉 한계수익이 한계효용체감의 법칙처럼 감소해 간다는 점을 이론적으로 증명하고 이것을 '한계생산력체감의 법칙'이라고 불렀어.
한계효용체감의 법칙
한계생산력체감의 법칙

이 법칙에 따르면, 기업가는 마지막으로 투입된 노동자에게 지불된 비용, 즉 한계비용이(=다른 말로 노동자의 임금)
100
100
100

이 노동자가 생산해 낸 수익과 같아지는 지점까지만 노동량을 추가해야 가장 큰 이윤을 벌어들일 수 있어.
100
80
100
$

그런데 만약 한계비용이 한계수익보다 크거나 반대로 한계수익보다 훨씬 적은 한계비용을 지출하는 기업가는 최대의 이윤을 얻을 수 없다는 거지.
바글
바글
이윤
임금도 적은데 대충 만들자고.
옳거니.

그럼 노동자들의 임금을 어떻게 결정해야 기업가가 최대의 이윤을 얻을 수 있냐고?
?

마지막으로 생산에 투입된 노동자가 생산해 낸 생산량, 다른 말로 이것을 한계생산력이라고 하는데
3
2
1
4
5
90
100
92
90

이 한계생산력이 바로 노동자가 받아야 할 적정 임금이 되는 거란다.
수고.
줄었네.

그렇다면 과연 신고전학파 앨프리드 마셜은 왜 재판을 받게 된 것일까?

마셜에 대한 검사의 기소 이유를 직접 들어 보자.
드디어 등장이군.

피고 알프레드 마셜은 시장은 항상 균형을 이룬다는 확고한 믿음 위에서 19세기 거세지는 자본주의에 대한 공격에 맞서 자본주의를 수호했던 신고전학파의 창시자입니다.

완전한 경쟁이 이루어지는 시장에 모든 것을 맡기면 상품과 서비스는 필요한 만큼 생산되고 적절한 가격으로 거래되며
다 팔렸다
알맞은 가격이야.

기업가는 이윤을 추구하는 행위를 통해서 사회적 부를 증대시키는 데 공헌하고

개인들 역시 소비하는 행위를 통해 자본주의를 움직이는 동력으로 작용한다고 보는 것입니다.
경제학
Cuccy
로봇

신고전학파의 관점에서 보면 우리는 쾌락과 만족을 채우기 위해 자유롭게 소비하는 인간이라는 점에서 모두 평등한 존재입니다.

또한 이윤 챙기기에만 급급해 온갖 불법을 저지르는 불공정한 행위도 존재하지 않습니다.

마셜은 정밀하고 세련된 수학적 기법을 사용해 자본주의가 이처럼 정당하고 영원한 경제 질서라는 것을 증명하고 포장하는 데는 성공을 거두었지만
수요
공급
시장

가난한 사람들의 불행한 현실에 대해서는 눈을 감고 있습니다.

이것이 피고의 신고전학파가 자본가와 부자만을 위한 경제학이라는 비판에서 자유로울 수 없는 근본적인 이유입니다. 이상입니다.

그럼, 이번에는 마셜의 반론도 직접 들어 볼까?
저의 경제학 이론이 불평등하고 불공정한 실제 현실을 제대로 반영하지 못하는 것처럼 보이는 이유는 '세테리스 페러버스(ceteris paribus)' 즉 '울타리 치기'라 불리는 연구 방법 때문입니다.

'울타리 치기'란 다른 변수들은 일단 없다고 가정하여 묶어 놓고, 관련 있는 몇 개의 변수만 가지고 기본적인 이론을 만들어 내는 연구 방식을 말합니다.
변수
변수
$(x - y)$
$\sqrt{x + y}$

이런 연구 방법은 과학자들이 현실의 공간이 아니라

모든 조건과 변수를 통제한 실험실에서 연구를 해 법칙을 발견해 내는 것과 같은 이치입니다.

마셜 교수가 대학 시절 경제학 연구에 매력을 느끼고 평생을 경제학에 바친 이유가 무엇이었을까요?

그리고 경제학자의 조건으로 마셜 교수가 가장 강조한 자세가 무엇이었을까요?

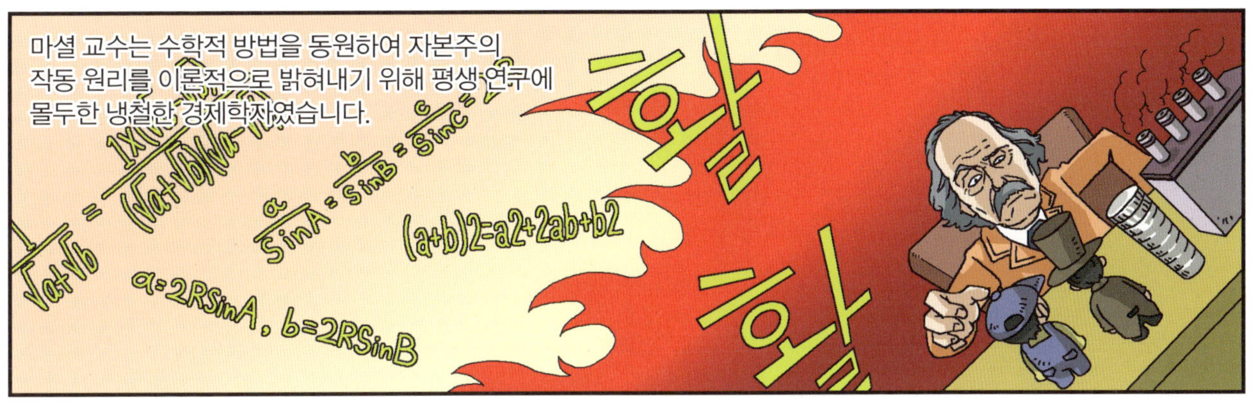

마셜 교수는 수학적 방법을 동원하여 자본주의 작동 원리를 이론적으로 밝혀내기 위해 평생 연구에 몰두한 냉철한 경제학자였습니다.
활활
(a+b)2=a2+2ab+b2
a=2RSinA, b=2RSinB

하지만 동시에 부자들은 늘 절제하고 헌신하며 봉사해야 하고

정부가 가난한 사람들을 위한 정책을 적극적으로 펴야 한다고 주장하며
서민
혜택
복지

이를 위해 동분서주했던 따뜻한 가슴을 지닌 경제학자였습니다.
헉
헉

그러므로 이제 마셜이 남긴 말을 인용하며 변론을 마칠까 합니다.
나는 가난을 해결하기 위해 헌신을 다해 왔다. 내 업적 중 가난 문제와 관련이 없는 것은 거의 없다.
이상입니다.

과연 마셜은 '냉철한 머리'를 지닌 경제학자로 자본주의를 수호하고자 했던 자신의 역할에 충실한 경제학자였을까?
아니면 '따뜻한 가슴'으로 가난한 사람들의 고통을 함께하려 했던 경제적 기사도 정신을 지닌 경제학자였을까? 얘들아, 너희가 배심원이라면 마셜에게 어떤 판결을 내리겠니?
웅성
웅성

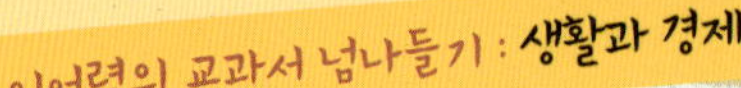

우유팩과 음료수 캔으로 알아보는 비용과 편익

미국 코넬 대학교의 경제학 교수 로버트 프랭크는『이코노믹 씽킹』에서 일상 생활 중 경제와 관련이 없는 것은 거의 없고, 삶의 곳곳에 수많은 경제 원리가 숨어 있다고 주장했어요. 그리고 이 수많은 경제 원리 중 세상의 모든 비밀을 푸는 열쇠는 '비용과 편익(cost-benefit)의 원리'라고 말했죠.

비용과 편익의 원리란 사람이 어떤 행위를 하는 것은 그 행위를 하기 위해 드는 비용보다 그 행위를 통해 얻는 이익이 더 크기 때문이라는 뜻이에요. 여기서 비용에는 돈뿐만 아니라 필요한 시간과 노력 등이 포함되죠. 마찬가지로 행위를 했을 때 얻는 이익에도 경제적 이익, 만족감 등이 포함돼요. 그렇다면 우리의 일상에 숨겨진 비용과 편익의 원리에는 어떤 것들이 있을까요? 지금부터 프랭크 교수님이『이코노믹 씽킹』에서 제시했던 몇 가지 사례를 살펴보죠.

우유팩은 사각형인데 음료수 캔은 원통형인 이유는 무엇일까요? 냉장 보관을 해야 하는 우유팩은 냉장고 안의 공간을 최대한 활용하기 위해 사각형으로 만들어요. 반면 음료수 캔은 구입해서 바로 마시기 때문에 손으로 잡기 쉬운 원통형으로 만들죠.

혹시 자동차에 연료를 넣는 주유구가 어떤 차는 운전석 쪽에 있고 어떤 차는 조수석 쪽에 있는 이유를 생각해 본 적이 있나요? 자동차의 주유구가 운전석 쪽에만 있다면 자동차들은 주유소에서 연료를 넣을 때 한쪽으로만 줄을 서야 하죠. 하지만 조수석 쪽에 주유구가 있는 자동차가 있다면 양쪽에서 동시에 주유가 가능하기 때문에 주유 시간을 줄일 수 있어요. 자동차의 주유구가 양쪽에 있는 이유는 이런 편익을

일상 속에 숨어 있는 비용과 편익의 원리를 제시한 로버트 프랭크.

고려한 거랍니다.

　TV와 냉장고는 우리나라에서 사용되는 전압에 맞춰 220볼트에서만 쓸 수 있게 만들어져 있지만 노트북은 보통 다른 전압에서도 쓸 수 있는 프리볼트로 만들어져 있어요. TV나 냉장고 같은 가전제품은 외국까지 가지고 가서 사용할 필요가 없으니까 전압을 고정시켜도 돼요. 하지만 늘 휴대하면서 사용하는 노트북은 전압이 다른 외국에서 사용할 경우가 많아 프리볼트로 만드는 쪽이 훨씬 편리하죠.

추가 음료수는 이미 메뉴 가격에 포함되어 있기 때문에 제공된다.

　또 DVD와 CD의 케이스 크기 차이를 생각해 봐요. DVD와 CD는 크기가 똑같은데도 DVD가 CD보다 큰 케이스에 담겨 있어요. 여기에도 재미있는 경제 원리가 숨어 있죠. CD는 과거 음악을 들을 때 사용했던 LP판 대신 등장했는데, 사각형 LP판 케이스의 가로와 세로를 절반 정도로 줄이면 CD 케이스 크기죠. 따라서 예전 LP판 진열장에 CD를 두 줄로 넣으면 진열장을 교체하지 않아도 되는 거예요. 이렇게 해서 CD 케이스 크기가 결정되었죠. 반면 DVD 케이스는 비디오테이프의 높이, 너비와 같게 만들어졌어요. 이것도 비디오테이프 대여점 혹은 가정에서 이미 가지고 있던 비디오테이프 진열장을 그대로 활용하여 DVD를 보관할 수 있다는 편익 때문이죠.

　패스트푸드점에서 손해가 생길 텐데도 왜 음료수를 계속 주는지 의문을 가져 본 적은 없나요? 이유는 아주 간단해요. 세트 메뉴의 음식 값을 지불할 때 이미 추가 음료수 값이 포함되어 있기 때문이에요. 또한 음료수를 계속 주면 더 많은 손님이 몰려 음식 판매가 증가해 더 큰 이익을 얻는다는 계산도 들어 있어요. 만약 음료수를 계속 주는 데 드는 비용이 음식 판매 이익보다 크면 이 서비스는 바로 중단될 게 불 보듯 뻔하죠.

6장 사람들은 무엇을 위해 소비할까?

그건 누구나 갖고 싶어 하는 상품이나 돈, 자원은 한정되어 있는데 이것을 원하는 사람들은 너무 많기 때문이지.

사람은 10명인데 가진 빵은 겨우 5개밖에 안 되는 상황이라고 비유할 수 있겠지.
늦으면 없다!
내가 먼저.
!

그래서 모든 나라가 정해진 자원을 누구에게 어떻게 분배해야만 사람들에게 가장 큰 만족을 줄 수 있을지 고민하지.
잠깐! 먼저 생각 좀 하고.

빵 5개를 어떻게 10명에게 나눠 줘야 더 큰 행복을 줄 수 있을지 고민해야 한다는 거지.
언제까지 기다려야 돼?
이 고민의 해답을 주기 위해 존재하는 학문이 경제학이야.

애덤 스미스 등의 고전학파나 앨프리드 마셜 등의 신고전학파는 이 고민에 대해 어떤 해답을 주었을까?

당연히 자유로운 경쟁이 이루어지는 시장에 모든 것을 맡기면

사람들이 최대의 만족을 얻을 수 있다는 해답을 제시했을 거야.
나눠 먹어요.
옳거니.
나눠 먹자

하지만 마르크스는 시장에 분배를 맡기면
얍

힘센 사람이 빵을 다 차지해서
다 내 거야.

다수가 굶주리는 사태가 발생할 거라며 비판을 했단다.
크 하 하

하지만 자본주의 경제학자들은 이런 반론을 제기했지.

국가가 빵을 10조각으로 잘라 사람들에게 똑같이 나눠 줘 굶주림에 시달리게 만드는 마르크스의 사회주의경제학보다는 자신들의 해법이 훨씬 우월하다고 말이야.
배고파!
저럴 줄 알았어.

인간이란 자신의 이익을 위해서라면 무엇이라도 할 수 있는 존재이기 때문에

시장에서 빵을 찾는 사람이 많은데 공급이 부족하다는 신호를 보내면 당장 돈벌이가 되는 빵 생산에 너도 나도 뛰어들고
빵
빵
빵
빵

그럼 빵의 개수가 대량으로 늘어나면서 결과적으로 모든 사람이 배불리 먹을 수 있다는 거지.
과연 그렇게 된다면 사람들이 풍족하게 살 수 있을까?

그래서 오늘은 이탈리아 출신 경제학자 빌프레도 파레토(Vilfredo Pareto, 1848~1923)와 미국의 도스타인 베블런(Thorstein Veblen, 1857~1929)을 만나 분배와 소비의 문제를 집중적으로 다뤄 볼까 해.

자, 그럼 '아브라카다브라' 주문을 외우며 선생님과 같이 떠나 볼까?

아브라카다브라!
펑

변호인 옆에는 피고 신분인 파레토가 앉아 있고

검사 옆에는 괴짜 경제학자로 유명한 도스타인 베블런이 앉아 있는 게 보일 거야.

지금까지는 영국의 경제학자들만 만나 왔는데

이제 미국 출신의 경제학자들이 전면에 등장한다는 것은 미국이 서서히 영국을 제치고 공업 강국으로 떠오르고 있다는 반증이란다.

그렇다면 파레토는 무슨 이유로 기소되었을까? 검사의 기소 이유를 직접 들어 보자.
검사 측 말씀하세요.

피고 파레토는 완전한 자유경쟁이 보장되는 시장은 가장 바람직한 최적의 상태로 분배를 해 준다는 주장을 한 경제학자입니다.

이것이 그 유명한 파레토의 최적(Pareto optimum) 이론입니다.
바로 나의 최적 이론이야.
최적 이론

그렇다면 피고가 주장한 최적의 분배 상태란 어떤 상태일까요?

누군가의 효용(만족감)을 희생시키지 않고는 다른 사람의 만족을 더 보장해 줄 수 없을 정도로
공평하게.

그야말로 '이보다 더 좋을 수 없는 상태'로 분배된 상태를 '최적'이라고 합니다.
한 개 더 줄 순 없나?
모두 공평하게 최적의 분배를 해서 없어!

'효용'이라는 말 대신 주관적인 만족감을 의미하는 '후생'이라는 용어를 사용하여 다시 표현하면
효용
후생

'다른 사람의 후생을 감소시키지 않고는 어느 누구의 후생도 증대시키는 것이 불가능하도록 자원이 효율적으로 배분되어 있는 상태'라고 말할 수 있습니다.
자원

이해를 돕기 위해 예를 들어 설명하겠습니다.

어떤 사회가 가진 자원을 사과 5개라고 가정하고 이를 두 사람에게 분배해야 한다고 가정합시다.
A
B

만약 A에게 사과 4개를 주고, B에게 1개를 준다면
B

과연 이러한 분배가 파레토가 말한 '최적'의 상태일까요?

답은 '그렇다'입니다.
최적 이론

언뜻 불공평해 보이는 상황이 최적의 분배인 이유는 뭘까요.
공평하지 못해!
A

이 상황에서 B의 사과 개수를 늘려 효용을 2로 늘려 주려면 A가 가진 사과 4개 중 1개를 가져다 B에게 주는 방법밖에 없습니다.

B의 효용이 1에서 2로 늘어난 것은 A의 효용을 희생시킨 결과입니다.
미안해
B

따라서 '어떤 사람의 효용을 희생시키지 않고서는 도저히 다른 사람의 만족을 더 이상 증가시킬 수 없는 상태', 즉 '최적'의 분배라는 결론이 나옵니다.
쿵
최적의분배

그렇다면 A에게 사과 3개, B에게 1개를 분배한 경우는 최적의 상황일까요? 답은 '아니요'입니다.
난?
NO!

왜냐하면 B의 효용을 1에서 2로 늘려 주었다고 해도 A의 효용에는 어떠한 손해도 끼치지 않았기 때문입니다.
A

즉 B의 효용 증대가 A의 효용을 희생시켜 얻어진 것이 아니기 때문에
나한테 피해는 없으니까.
A

A가 3개, B가 1개의 사과를 분배받은 상황은 '최적'이 될 수 없습니다.
최적이 아니지.

그런데 혹시 파레토의 '최적' 이론을 들으면서 마음 한구석이 불편해지지 않으셨습니까?

모두 5개의 사과를 가진 사회에서 A에게 4개, B에게 1개를 분배했다거나
A에게 3개, B에게 2개를 분배해 준 상황은 파레토의 '최적' 상태이지만

우리는 이 분배를 결코 평등한 분배라고 말할 수 없습니다.

우리가 마음이 불편했던 이유는 파레토의 '최적' 이론이 공평한 분배를 보장하는 원칙은 아니었기 때문입니다.
왜?

피고에게는 평등하고 정당한 분배가 무엇이냐가 목적이 아니었습니다.

시장의 원리가 가장 효율적인 분배를 보장해 준다는 점을 미분과 적분, 기하학의 수학적 방법을 동원해 증명해 내는 것만이 목적이었습니다.
$\Delta y/\Delta x = f'(x) + A$
$\int_{\underline{a}}^{\underline{b}} f(x)dx$

흔히 파레토를 '부르주아 마르크스'라고 부르는 이유가 바로 여기에 있습니다.

부자들의 재산을 몰수해 다수에게 똑같이 분배해야 한다고 주장했던 사회주의경제학을

가장 신랄하고 강력하게 비판한 경제학자가 바로 피고였습니다.
뭐 하는 짓이야!

피고는 가난한 사람들의 만족이 부자의 만족보다 더 중요하다는 근거는 어디에도 없으며
내가 중요
어허
내가 중요

누군가의 효용을 희생해 다수의 후생이 증가했다면
나눠 쓰자고.

절대 '최적'의 상태가 아니라고 했습니다.
엉엉
하하

또한 파레토는 19세기 영국의 부와 소득에 대한 연구를 통해 '파레토의 8:2 법칙'을 발표했습니다.
어떤 사회든 전체 부의 80%는 20%가 소유한다.

20%만 열심히 일하고, 나머지 80%는 노는 일개미에게서 힌트를 얻었다고 알려진 이 법칙은

소수 부자에게 부가 집중되고, 소수 엘리트에게는 권력이 집중되어

이들에 의해 다수의 대중이 지배당하는 자본주의 현실을 정당화하는 논리로 악용되고 말았습니다.

스스로를 '파레토의 제자'라고 주장했던 독재자 무솔리니는

정당한 몫을 달라고 외친 노동자들의 저항을 무참하게 짓밟고 독재 파시즘을 논리적으로 정당화하기 위해 파레토를 영웅시했습니다.
타앙

파레토는 이 때문에 독재의 이론적 근거를 제공했다는 비판에서 자유로울 수 없습니다.
서라!

선생님은 검사의 기소 이유를 들으면서, 괴짜로 불리던 미국의 경제학자 베블런은 대체 무슨 이유로 파레토를 기소했는지 궁금해졌어.

노르웨이에서 미국으로 이주한 이민자의 아들로 태어나 평생 이방인의 눈으로 미국 사회를 관찰해 온 베블런은

『유한계급론』이라는 책 한 권으로
유한 계급론
와

일약 미국 사회에서 찬사와 비난을 동시에 받는 화제의 인물로 급부상했지.
와아—
베블런은 물러가라!

그렇다면 베블런에게 명성과 함께 쓰라린 좌절을 안겨 준 『유한계급론』은 과연 어떤 책이고,
'유한계급'이란 어떤 집단일까?

베블런은 19세기 후반 미국의 유한계급들을 신랄하게 비판했어.

그들이 원래 부자가 될 만한 탁월한 능력을 가졌기 때문에

그 보상으로 부자가 되었다는 점을 대외적으로 과시하려고 소비와 여가를 일삼는다는 거였지.
과시적인 소비야.

한 고급 의류 매장에서 백만 원짜리 옷이 하나도 팔리지 않자 장난삼아 '0'을 하나 더 그려 천만 원으로 가격을 올렸더니
10000000
에라이.

모두 다 팔렸다는 이야기가 있어.
감히 살 엄두조차 못 내는 비싼 물건은 유한계급에겐 자신들의 능력을 과시할 수 있는 가장 좋은 쇼핑 품목인 거지.
의류

그들에게는 다른 사람과 자신을 구별 짓는 데

비싼 물품보다 더 손쉬운 수단은 없었어.

베블런은 유한계급은 이런 과시적 소비와 여유를 누리면서

우월감에 사로잡혀 끊임없이 거액의 돈을 쓰면서 다른 사람과 자신을 구별 짓는 사람들이라고 조롱했어.
더 비싼 건 없나?
쓰읍

유한계급은 중세의 성과 같은 대저택, 호화 요트, 고가의 미술품, 천문학적인 돈을 쏟아붓는 결혼식 등이 존재 이유이자 능력의 상징인 사람들이라는 거지.
$
$

그런데 베블런이 파레토를 재판에 세운 이유는 뭘까?
여기서 베블런의 이야기를 직접 들어 볼까.

제가 살던 당시 미국은 비옥한 토지와 풍부한 천연자원, 일할 의욕이 가득한 사람들로 넘쳐나는

그야말로 애덤 스미스의 '보이지 않는 손'의 축복이 현실에 재현된 세상이었습니다.

여기 나와 계신 파레토를 비롯한 수많은 경제학자들은 미국 자본주의 미래에 대해 행복한 청사진을 내놓았지요.
호ー오

하지만 현실은 그런 청사진과 달랐습니다.

석유 재벌 록펠러, 철강 산업의 왕 카네기, 자동차 산업의 왕 포드 등은 산업 대부분을 장악하고 거대한 토지를 사유화해
OIL

중세의 왕 부럽지 않는 재벌로 떠올랐습니다.

그러나 이들의 풍요 뒤에는 가난에 허덕이며 고통받는 노동자들과

생존을 위해 목숨을 걸어야 하는 비참한 현실이 있었습니다.

현실의 자본주의는 몇몇 소수의 거대 자본가들이 모든 산업을 독점하고

서로 단합해서 자신들의 배만 불렸고

국가의 부가 모두에게 이상적으로 분배되는 최적의 상태는 아니었습니다.

그야말로 자본주의는 강자가 약자를 약탈하여 부를 쌓은 야만적인 사회에 불과했죠.
겨우 이거야?

따라서 저는 자본주의가 마치 모든 사람에게 풍요를 보장해 주는 행복한 세상인 것처럼 포장하려는 경제학자들의 속임수를 용납할 수 없습니다.

시장이 '최적'의 분배 상태를 가져다준다고 주장한 파레토를 기소한 이유도 바로 여기에 있습니다.

반론합니다! 베블런은 『유한계급론』을 통해 부자들의 과시적 소비 행태를 비난합니다.
하지만 그러면서도 부자들이 치열한 경쟁에서
살아남은 능력 있는 사람이라는 점을 인정합니다.
!

자본주의의 불공평한 분배를 있는 그대로 수용한다는 점은 다른 자본주의 경제학자들과 다르지 않다고 봅니다.
그런가?

그러자 베블런은 단호한 말투로 변호인의 주장에 대해 반론을 제기했지.

저는 자본주의 세상이 '보이지 않는 손'의 축복이 가득한 행복한 세상인 것처럼 현혹시킨 경제학자도 아니며

노동자의 목숨을 건 투쟁만이 자본주의를 무너뜨릴 수 있다고 외치던 경제학자도 아닙니다.
너무 과격해.
투쟁

제가 『유한계급론』을 쓴 것은 약자에 대한 강자의 수탈과 지배, 불평등이 당연한 것이 된 야만적인 사회가 바로 자본주의이며
촤 르 르

유한계급이 어떻게 등장했고

이들이 과시적 소비에 매달리는 심리적 원인은 무엇인지 파헤쳐서
명품

자본주의와 인간의 참모습을 드러내 보이기 위해서였습니다.

베블런의 반론을 들으니까 선생님이 비로소 깨달은 게 있어.

경제 위기에도 귀금속이나 고급 자동차,
고가의 명품 소비가 늘어나는 이유가 뭐고
명 품
고 급

가격이 비싸야만 더 잘 팔리는 현상이
일어나는 이유가 뭔지 말야.
일부 사람들에게 소비는
생존을 위한 수단을 구입하는
행위가 아니야.
고급 비스킷

그들에게 소비는 자신이 남과 다른
뛰어난 능력을 가졌다는 '과시'를
위한 수단이지.
훗~
고 급
값이 싼 물건을 사서 쓰는 것은
자존심을 떨어뜨리는 불쾌한 행위이며
싸구려

비싼 물건만이 자신을
돋보이게 만든다고 믿는
19세기 유한계급은

21세기인 지금도 우리들
가운데 존재하고 있지.
훗.

멋진 옷을 입었다고 과시하고 싶어 벌거벗고
거리를 활보했다던 임금님이나
꾸꾸

초라한 자신을 돋보이게 하려고 친구의 목걸이를 하고
파티에 간 모파상의 소설 속 여주인공 마틸다의 모습이

모두 우리들의 내면에 도사리고 있지.
와, 그거
무척
비싸겠다!

우리는 생존을 위한 소비와 과시적 소비의 경계선 어디쯤에 서 있을까?
과연 우리들은 어떤 모습의 소비를 하고 있을까?
이게 앞으로 우리가 고민해야 할 숙제란다.

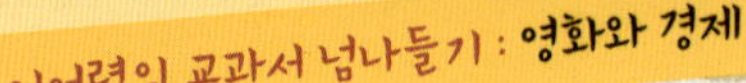

영화 〈아바타〉와 호모 컨버전스

제임스 캐머런 감독의 영화 〈아바타〉는 세계적인 돌풍을 일으켰어요. 〈아바타〉는 특수 안경을 끼면 화면이 입체적으로 보이는 3D 영화(3차원 영화)로, 사람들은 기존 영화에서는 볼 수 없었던 3D 영화의 생생함에 열광했어요. 〈아바타〉는 전 세계적으로 약 2조 9,000억 원의 흥행 수입을 올렸다고 하는데 이는 우리나라의 철강 회사인 포스코가 1년 동안 벌어들인 이익과 맞먹는 액수예요. 영화만이 아니에요. 〈해리 포터〉 시리즈는 책으로만 약 2억 5,000만 부가 넘게 팔려 지은이 조앤 롤링을 순식간에 백만장자로 만들어 주었죠.

20세기가 중공업과 제조업이 경제를 주도하며 이익을 만드는 시대였다면, 지금 우리가 살고 있는 21세기는 영화, 책, 애니메이션, 게임 등 '문화콘텐츠 산업'이 이익을 만드는 시대예요. 그렇다면 문화콘텐츠 산업이란 정확히 무슨 의미일까요? 인간이 가진 무한한 상상력, 예술성, 가치관, 창조적 아이디어, 문화유산, 생활양식 등 문화적 요소가 디지털 기술과 만나 경제적 이익을 가져다주는 상품, 즉 문화 상품으로 탄생되었을 때 이것을 문화콘텐츠 산업이라고 부르죠.

인간의 상상력에 디지털 기술을 더해 상품을 만드는 문화콘텐츠 산업은 이제 한 국가의 경제를 떠받치는 핵심 산업으로 자리매김하고 있어요. 그래서 사람들은 한 나라의 문화콘텐츠 수준이 국가의 경제력과 경쟁력을 가늠하는 척도라고 말하죠. 그렇다면 문화콘텐츠가 가지는 경제적 가치의 출발점은 어디이고, 문화콘텐츠의 수준을 높이기 위해서는 어떻게 해야 할까요?

세계적인 돌풍을 일으킨 영화 〈아바타〉.

　무엇보다 우리는 문화콘텐츠가 바로 인간의 무한한 창의력과 상상력에서 시작된다는 걸 알아야 해요. 인간의 상상력이 콘텐츠를 만들어 내는 원천이고, 이것이 밑거름이 되어 이익을 만들고 국가 경쟁력을 높이는 거죠. 영화 〈아바타〉의 경제적 이익은 누구도 생각하지 못했고 흉내 낼 수 없었던 상상력이 만든 아이디어로부터 시작되었어요.

2억 5,000만 부가 넘게 팔린 〈해리 포터〉 시리즈는 영화로도 제작되었다.

　상상력이 문화콘텐츠 산업을 이끌고 문화콘텐츠 산업이 경제의 중심이 되는 21세기는 우리가 다양한 지식과 학문을 융합시켜 놀라운 상상력을 발휘할 줄 아는 컨버전스형 인간이 되기를 바라고 있어요. 컨버전스형 인간, 즉 호모 컨버전스(Homo Convergence)란 융합을 의미하는 영단어 'convergence'의 뜻 그대로 여러 기술이나 성능을 하나로 합치는 능력을 가진 사람을 말해요. 장르와 분야의 경계를 넘나드는 능력을 갖춘 호모 컨버전스야말로 21세기가 요구하는 새로운 인류의 모습이죠.

　카이스트의 안철수 교수님은 우리가 살고 있는 이 시대에는 두 개 이상의 렌즈로 세상을 보는 컨버전스의 능력이 그 어느 때보다 필요하다고 강조했어요. 이런 융합 능력이 머릿속에 있는 상상력과 창의력을 현실화시켜 문화 상품을 만드는 원동력이라는 거죠. 21세기를 살아가는 우리에게 "나는 호모 컨버전스일까?"라는 질문은 매우 중요한 화두가 되었답니다.

7장 경제 위기는 또 다른
성장의 기회일까?
경제
2007년 미국 주택 담보 대출은행 서브프라임 모기지 사태의 충격이
일파만파 번지면서 전 세계의 경제가 침체의 나락에 빠져든 적이 있지.
국내 주식시장도 급락했고, 그해 10월 한 달간 개인투자가들이 보유했던
주식 관련 자산 중 무려 80조 원이 허공으로 사라졌어.

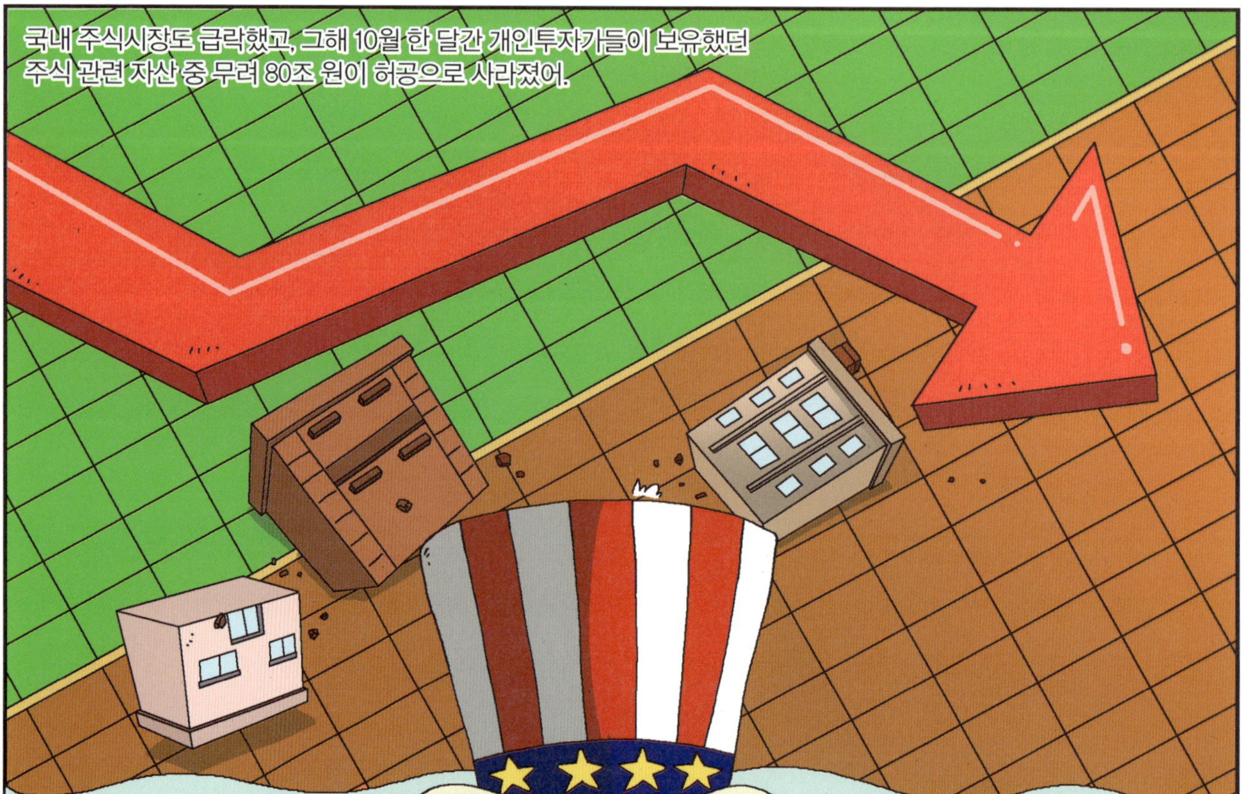

00기업
△X기업
△△기업
X△기업
F 기업
00기업
E기업
A 기업
XX기업
00기업
△0기업
전 세계적으로 금융 위기가 닥치면서 주택 가격이 폭락하고 물가는 급등했어.
물가
주택가
00 기업

반면 실업자 수는 사상 최대로 늘어났지.
무료급식

전 세계는 1930년대 경제 대공황 당시의 위기를 떠올렸어.
내 돈 내놔!
은행
내 돈 내놔!

경제가 어려워지자 사람들은 세계를 구해 줄 구원투수를 간절히 바라게 되었어.
주가
파산
실업
주택가
꺄악! 도와주세요!

그럼 경제학자 중 가장 능력 있는 구원투수는 과연 누구일까?
웩!

자본주의 200여 년의 역사 속에 최악의 위기로 기록된 1929년 대공황 당시 위기에 빠진 경제를 구한 경제학계의 영웅이 두 사람 있단다.
와 아

바로 같은 해에 태어나 동시대를 살았던, 그래서 늘 비교되는 운명을 피할 수 없었던 헝가리 출신의 슘페터, 그리고 영국을 대표하는 세계적인 경제학자 케인즈지.
이 두 사람이 위기관리 전문 경제학자로 불리는 구원투수란다.
Joshep Schumpeter, 1883~1950
John Keynes, 1883~1946

비록 태어난 나라도 다르고, 주장한 경제 이론과 해법도 달랐지만
이론
국으

두 사람은 살아 있을 때는 물론이고 죽고 난 후에도 끊임없이 비교당했어.

이들이 살았던 당시엔 슘페터보다는 케인즈가 더 인기가 많았지.

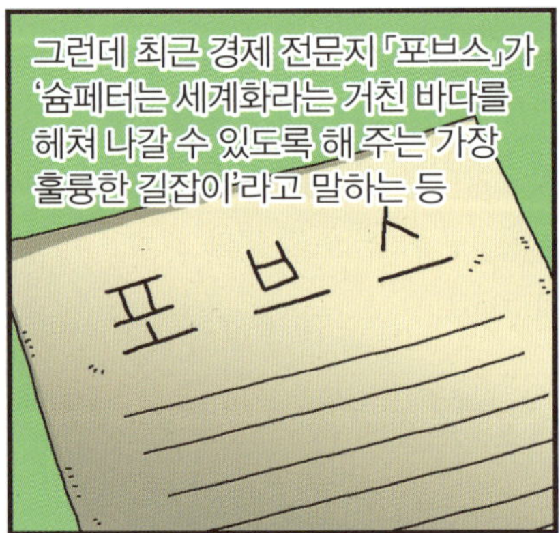

그런데 최근 경제 전문지 「포브스」가 '슘페터는 세계화라는 거친 바다를 헤쳐 나갈 수 있도록 해 주는 가장 훌륭한 길잡이'라고 말하는 등
포브스

슘페터에 대한 평가가 달라지고 있어.

자 그럼 선생님과 함께 오늘은 슘페터를 만나러 가 볼까? 위기에 빠진 경제를 살릴 수 있는 해법을 전수받으러 말이야.
아 브 라 카 다 브 라

변호인 옆에서 넓은 이마를 시원하게 드러낸 부리부리한 눈을 가진 남자가 보이지?

10여 개의 언어를 구사할 줄 알고

23세의 나이에 대학교수가 되고

36세엔 한 나라의 재무장관을 지냈던

천재적인 경제학자 슘페터야.
나처럼!

영국, 프랑스, 이집트를 두루 돌아 하버드 대학교에서 교수로 활동했고
또 어디를 가 볼까나.

역사학, 정치학, 사회학, 경제학의 경계를 자유롭게 넘나들었지.
사회
정치
경제
역사

변호사로 출발해 이집트 공주의 재정고문, 은행 총재에 이르는 다채로운 경력을 가졌어.
OO은행
법

『경기순환론』과 『자본주의, 사회주의, 민주주의』라는 역작을 남겨 명성을 얻기도 했어.
경기 순환론
자본주의 사회주의 민주주의

과연 슘페터가 제시한 위기 극복의 전략은 뭘까?

또 사람들이 모두 슘페터를 이야기하는 이유는 무엇일까?
흠….

그럼 슘페터의 이야기부터 직접 들어 볼까?
제 경제학을 이해하는 핵심 키워드는 크게 두 가지입니다.

바로 경기순환과 혁신입니다.

여러분들이 지금까지 만나 본 경제학에는 한 가지 공통점이 있습니다.
경제학

바로 자본주의경제가 똑같은 규모의 생산과 소비를 반복하는 아주 정적인 특징을 가지고 있다는 가정 아래 이론을 전개한다는 점입니다.
휴.
휴.
그러니까 매년 다람쥐 쳇바퀴 돌 듯 비슷한 규모의 생산과 소비를 반복한다는 거지요.

하지만 현실을 보세요.

자본주의가 정해진 궤도만을 정해진 규모로 반복하는 정적인 모습입니까?

아니면 수많은 변수들에 의해 역동적으로 살아 움직이는 생명체의 모습입니까?

요즘은 경기가 너무 안 좋아. 너무 힘들다고.
저 사람이 한숨을 쉬는 이유는 무엇일까요?

어서 빨리 경기가 회복돼야 우리 같은 서민들이 덜 힘들 텐데 참 큰일이야!
저들의 한탄 속에 담긴 뜻은 무엇일까요?

경제 상황, 즉 경기(景氣)란 항상 똑같은 상태로 머물러 있는 것이 아닙니다.
경기

최고의 절정인 호황기를 향해 솟아오르는 회복기가 있는가 하면 불황기가 있고

이런 회복기와 불황기의 주기적인 반복이 나타납니다.

이처럼 자본주의가 성장과 침체를 반복하면서 역동적으로 살아 움직이도록 만든 원동력
?
우르르

그것은 바로 혁신, 즉 기업가들의 '창조적 파괴' 행위입니다.
창조적 파괴!

어떤 학자는 경제학 용어 중 최고 걸작 두 개는 애덤 스미스의 '보이지 않는 손', 그리고 저의 '혁신'이라고 말했습니다.
그렇습니다. 제 경제학을 상징하는 유명한 용어가 바로 혁신입니다.

혁신이란 무엇일까요?
혁신

바꿀 혁(革), 새로울 신(新). 혁신은
말 그대로 낡은 기술이나 생산방식을
창조적인 아이디어로 바꾸어

새롭고 질 좋은 제품을 만들고

더욱 많은 이윤을 벌어들이는
창조적 파괴 행위입니다.
그렇다면 이러한 혁신의
주인공은 누구일까요?

바로 도전 정신으로 똘똘 뭉쳐 어떤 어려움이든 이겨
내고 더 효율적인 상품을 개발해
두께를 줄일
수는 없을까?

넓은 시장을 무대로 많은 이윤을 벌어들이는 창조적인 기업가들입니다.
해냈다!
오 오

안정적인 상태에 머물러 있는
기업이나 기업가들은 결국
시장의 경쟁에서 밀려나고
찌쳐걱

작은 위기가 닥쳐도 극복하지 못하고 무너지고 맙니다.
휙
우르르

그러나 실패할지 모른다는
두려움을 이겨 내고
실패하면 망해!
그래도 해!

기술과 생산방식의 혁신을
일궈 내며

시장 개척에 앞장서서 누구보다
열정적으로 일하는 기업가들 덕분에

오늘날 자본주의는
이렇게 성장하고 발전할 수 있었습니다.

신기술이 등장하면 경기는 이에 힘입어 20년에서 25년간 절정을
향해 상승하여 호황기를 누립니다.

그러다 혁신의 효과가 서서히
사라지면서

불황기로 접어듭니다.

이 상황이 흔히 말하는 경기 침체
혹은 경제 위기지요.
경기침체
경제 위기

이렇게 호황기와 불황기 사이에서 파동(波動)치며 50여 년을 주기로 순환하는 것을
콘드라티예프의 장기 파동이라고 합니다.

연구에 따르면 세계경제는 18세기 말부터 현재에 이르기까지 기술 개발과 혁신이 이루어질 때마다 일정 주기로
호황과 불황 사이를 파도처럼 순환하고 있습니다.

증기기관의 발명과 직물 기술과 제철 기술의
발전으로 촉발된 산업혁명기의 제1의 순환

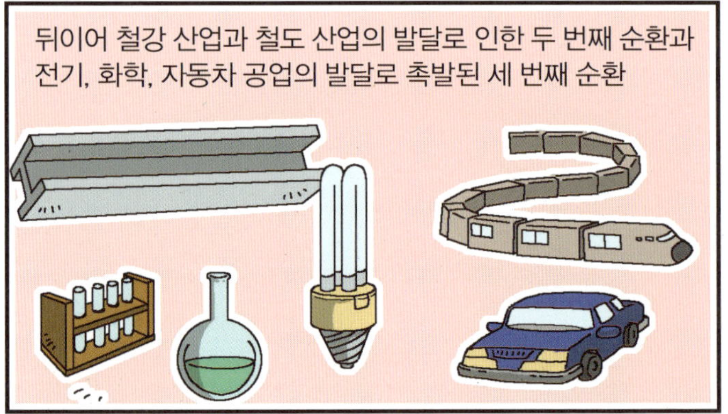

뒤이어 철강 산업과 철도 산업의 발달로 인한 두 번째 순환과
전기, 화학, 자동차 공업의 발달로 촉발된 세 번째 순환

그리고 반도체, 컴퓨터, 생명공학, 신소재, 정보 통신 등의 기술혁신으로 주도된 네 번째 순환에 이르기까지

대략 50~60년을 주기로 경기순환을 해 왔습니다.

과연 제가 경기순환과 혁신을 통해 하고 싶은 말은 무엇일까요?

경기 불황은 전체 순환의 한 과정에 지나지 않으므로 크게 두려워하지 말자는 것입니다.

위기는 기존 질서를 파괴하고 새로운 시대를 여는 기회의 문이며, 한 단계 높은 성장을 하는 기회입니다.
제 말에 믿음이 가지 않는다면 몇 가지 예를 들어 보겠습니다.
위
기

1938년 미국 듀폰 사는 대공황이라는 치명적인 위기를 겪고 있는 상황에서도
DU PONT

천문학적인 연구비를 쏟아부어 거미줄보다도 가늘고 강철보다 질긴 나일론을 발명했습니다.
뭐가 이렇게 질겨?

사람들의 삶을 확 바꾸어 놓은 텔레비전, 라디오, 합성 고무 등의 신기술 역시 위기의 순간에 등장했습니다.

불황을 이기는 비법은 과감하게 도전하고 혁신을 이룬
기업가들의 노력에 있었습니다.

또 1970년대의 1, 2차 유가 폭등으로
세계경제가 또다시 휘청거릴 때
OIL

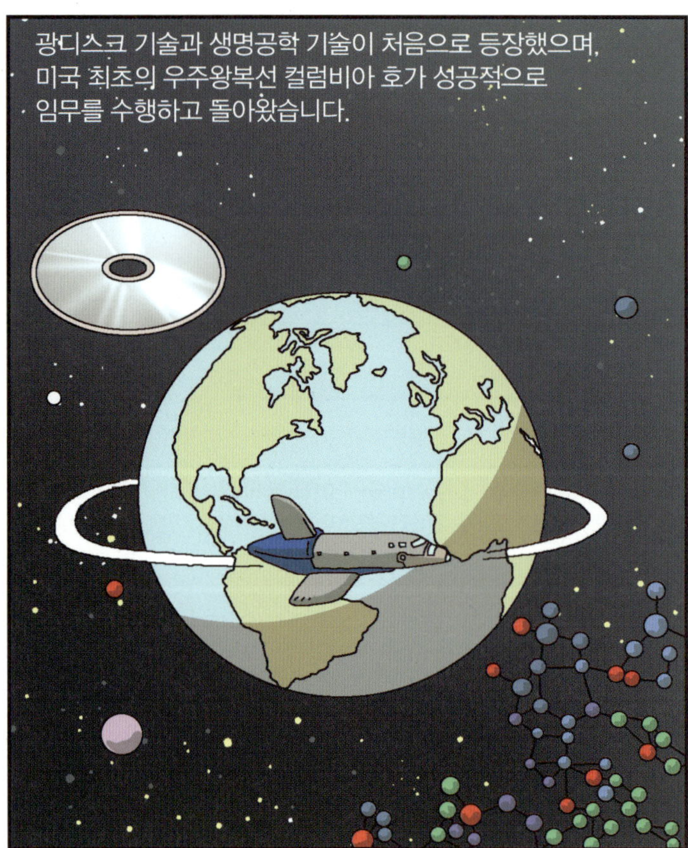

광디스크 기술과 생명공학 기술이 처음으로 등장했으며,
미국 최초의 우주왕복선 컬럼비아 호가 성공적으로
임무를 수행하고 돌아왔습니다.

일본 자동차 회사들이 석유 값 폭등으로
아무도 자동차를 사지 않을 것이라는
우려를 뒤로하고

세계 제일의 자동차 강국으로 등극한 것도
바로 경제 위기 상황에서였습니다.
1

이 모든 사례는 혁신이 곧 위기
극복의 열쇠이며

혁신을 통하면 위기가 곧 성장
기회가 된다는 증거입니다.

이상으로 진술을
마치겠습니다.

반론합니다!
본 검사의 피고에 대한 기소
이유는 크게 두 가지입니다.

첫째, 피고의 '혁신' 이론은 자본가와
기업가들의 입장만을 옹호하고 있습니다.
혁신

피고의 혁신 이론에 그들이
열광적으로 지지를 보낸
이유는 무엇이었을까요?
혁신
와
아

자본가들이 노동자들을 착취한다며 자본주의를 신랄하게 비판했던
마르크스경제학에 심기가 불편했던 기업가들은
악덕 사장!
착취는
그만!

기업가의 혁신이 이윤을 창출하고 자본주의를
발전시키는 원동력이라며

기업가의 손을 들어 준 피고의 주장에 전폭적인
지지를 보낼 수밖에 없었습니다.

세계적인 경제학자 갤브레이스가 1986년 피고를 '20세기의 가장 세련된 보수주의자'로
표현한 이유가 바로 여기에 있을 것입니다.

둘째, 피고의 혁신 이론은 소수의 혁신적인 기업가가 경제 발전의 동력이라고 말합니다.

즉 1명의 천재가 10만 명을 먹여 살린다는 기업가들의 논리를 그대로 반영하는 일종의 영웅주의나 엘리트주의일 뿐입니다.

이러한 영웅주의는 기업가들에게 막대한 이윤이 돌아가는 것이 정당하다는 주장을 합리화시킵니다.
다 내가 만든 거니까.

따라서 피고의 경제학에서는 자본주의의 고질적인 문제인 불평등한 분배나 불공정 대우가 아예 관심의 대상이 아닙니다.

기업가들이 혁신을 위해 노력하는 이유는 무엇일까요?
더 새로운 것이 필요해!

국민소득 향상이나 국가 경제의 발전 혹은 세계경제의 성장이라는 거창한 명분일까요?

아닙니다!

이들 기업가들은 거대한 자본가로 거듭나 부를 마음껏 누리는 왕국의 주인공이 되고 싶다는 지극히 이기적인 열망에서 혁신에 뛰어듭니다.

우리는 이미 역사를 통해 자본주의가 우리 모두를 풍요롭고 안락하게 해 줄 수 없다는 것을 알고 있고

소수가 모든 부를 독점하는 시장에 경제를 맡기는 것이 얼마나 위험한 일인지도 잘 압니다.
망했다.
폐 업

경제가 위기에 빠졌을 때 정부가 나서서 위기를 관리하는 게 효과적이라는 것도 알고 있습니다.
정부
일자리 창출
복지 정책
세제 개편

피고의 평생 라이벌이었던 케인즈는

대공황의 경제 위기에 정부가 나서서 일자리를 창출하고 세금을 거두어
정부

가난한 사람들을 위한 복지정책을 실시하는 정부 개입 정책으로 위기를 극복했습니다.
무료 급식

그래서 당시 케인즈가 자본주의를 구한 영웅으로 찬사를 받고 있을 때

하버드 대학교 교수였던 피고는 학생들로부터 외면을 받았습니다.

과연 그 이유가 무엇이었을까요?

재 변론합니다!
혁신을 성공적으로 이끈 기업가가 거액의 소득을 벌어들이고 대기업이 이윤을 독점하는 것을 부당하다고 비판해서는 안 됩니다.
이들이 누리는 혁신의 달콤한 열매가 영원할 수는 없기 때문입니다.

새로운 기술혁신으로 그 분야의 최고가 되었던 기업도
우
뚝
초
슬
림

그 기술이 널리 퍼져 시장에 똑같은 제품이 쏟아지면 달콤한 열매를 맛볼 수 없습니다.
평 — 범
초슬림
초슬림
초슬림
초슬림

끊임없이 변화하지 않는 한 어떤 기업가도 영원한 승자가 될 수 없는 냉엄한 자본주의 세상에서

그들이 노력해서 이룬 열매를 잠시 독점한다고 해서 그것이 크게 비난받아야 할 일은 아니라고 생각합니다.

컨베이어벨트라는 혁신적인 자동화 생산 시스템을 맨 처음 자동차 생산에 도입한 헨리 포드의 노력이 없었다면

집집마다 자동차를 소유할 수 있는 세상이 왔을까요?

빌 게이츠나 스티브 잡스 같은 혁신적인 기업가가 없었다면

과연 미국이 경제 강국이 될 수 있었을까요?

세계경제가 위기에 처한 이 시점에서 사람들이 다시금 저의 혁신 이론에 관심을 기울이는 이유가 무엇이라고 생각하십니까?

모두 기업가들의 창조적인 노력이 위기를 극복하는 해법이라는 것이 검증되었기 때문 아니겠습니까?
창조적 파괴

검사님은 케인즈의 해법이 더 우월하다고 주장하지만

이미 경제 강국의 자리에서 밀려나 내리막길을 걷던 영국은 국가가 적극 나서지 않으면 안 될 정도로 절박했습니다.
뭔가 조치가 필요하겠어.

당시 저는 세계경제의 새로운 강자로 등극한 미국의 경제학자로 활동하고 있었습니다.

미국을 강자로 이끈 주역들이 과연 누구였을까요?

석유 산업의 록펠러, 자동차 산업의 포드, 철강 산업의 카네기 등 혁신적인 기업가들 아니었습니까?

케인즈의 긴급 처방으로 급한 불을 끄고 난 뒤 세계경제는 어떻게 되었습니까?
약 40여 년의 전성기가 지나자 다시금 위기 상황으로 곤두박질하지 않았습니까?

경제 위기는 자본주의 성장의 필연적인 과정일 뿐이며 또 다른 성장을 위한 기회입니다.

그러니 위기가 오더라도 호들갑 떨지 말고 자유시장의 원칙과 창의적인 기업가를 믿고 나아가야 합니다.

자본주의에서 소득의 불평등과 독점은 피할 수 없습니다.
우뚝
휘청
$

자본주의
사회주의
사회주의가 자본주의와의 경쟁에서 이기지 못하는 이유는 뭘까요?

바로 경쟁의 본능을 자극하는 소득의 불평등이 없기 때문입니다.
나도 언젠가는 부자가 될 거야!
$

똑같이 나누어 갖는 것이 훌륭해 보이지만
우리 모두 공평해.
$
$

나눠 먹을 빵 자체가 적은 상황에서 똑같이 나누는 일은 다 같이 죽자는 어리석은 선택과도 같습니다.
내놔!
나도 살아야지.

자본주의가 발전하려면 이 정도의 부작용은 감수해야 합니다.

세상에는 비난받을 기업도 많고 비난받을 기업가도 많습니다.
버럭!
악덕 기업가

그러나 대기업가의 업적은 여왕들에게 비단 스타킹을 제공하는 게 아니라

공장에서 일하는 소녀들이 노동을 적게 해도 충분히 비단 스타킹을 살 수 있도록 해 주는 것입니다.
값도 싸고
품질도 좋아.
스타킹

기업가를 믿으십시오. 이상입니다.

슘페터의 주장처럼 경제 위기는 또 다른 도약을 위한 기회일 수 있어. 그럼 창조적 소수에 의해 경제와 역사가 좌우되는 게 과연 정당할까? 아니면 어쩔 수 없는 선택인 걸까?

붕어빵과 한계효용의 상관관계

갈증이 심한 무더운 여름날에 처음 들이켠 시원한 냉수 한 잔, 배가 고플 때 처음 먹은 밥 한 공기, 열심히 모은 돈으로 산 첫 집은 우리에게 엄청난 만족감을 제공해요. '처음'이라는 수식어는 경제학적으로 중요한 의미가 담겨 있어요. 왜냐하면 바로 처음이 줄 수 있는 희소성 때문이에요. 이걸 좀 더 자세히 알아보기 위해서는 처음과 처음이 아닌 것의 만족감을 비교해 봐야 해요.

경제학에서는 어떤 상품이나 서비스를 소비할 때 인간이 얻는 만족감을 '효용'이라고 불러요. 그리고 이 효용의 크기를 수치화하고 계산해서 효용과 관련된 중요한 경제 법칙을 만들고 있어요. 효용이나 경제 법칙이라는 말을 듣고 겁부터 먹지는 마세요. 어려운 수학 공식으로 된 효용의 법칙들을 모른다고 하더라도 우리는 상황이나 시간에 따라 효용이 달라진다는 사실을 알고 있어요. 예를 들면 배고플 때 한 입 베어 문 붕어빵이 주는 효용의 크기가 열 개째 먹는 붕어빵 한 입이 주는 효용보다 훨씬 클 거라고 쉽게 짐작할 수 있어요. 아무리 꿀맛 같던 붕어빵도 계속 먹으면 효용의 크기가 줄어들죠.

이처럼 처음에는 큰 만족감을 주던 것들도 반복되는 소비로 인해 효용의 크기가 점점 감소해요. 이것을 경제학에서는 '한계효용체감의 법칙'이라고 말해요. 이때 '한계'라는 말은 소비를 한 개 혹은 한 단위씩 더 추가한다는 의미이니까, '한계효용'이란 한 개씩 소비를 늘릴 때마다 추가적으로 얻는 효용의 크기를 가리키는 거죠.

'듣기 좋은 꽃노래도 하루 이틀'이라는 속담은 한계효용체감의 법칙을 가장 잘 설명해 주죠. 계속되는 소비는 한계효용을 자꾸 줄어들게 만들어 결국 한계효용이 마

배고플 때 먹는 붕어빵은 만족감이 매우 크다.

이너스가 되기도 해요. 너무 배가 부른 상태에서 먹은 붕어빵이 도리어 기분을 나빠지게 만드는 것과 같죠. '듣기 좋은 꽃노래도 하루 이틀'은 이런 사실을 알려 주는 문학적 표현이죠.

1870년대, 경제학자들이 한계효용에 관한 이론과 법칙을 발표했을 때 사람들은 그 해를 한계혁명의 해라고 부르며 열광했어요. 그만큼 생산, 소비, 고용, 임금 등 경제 현상을 분석하는 데 있어서 한계효용 이론은 혁명과도 같았죠.

한계효용을 설명한 경제학자 앨프리드 마셜.

가진 돈으로 무엇을 얼마만큼 소비하는 것이 이익을 가장 크게 얻을 수 있는지를 고민하는 개인에서부터 몇 명의 노동자와 얼마의 돈을 투입해서 몇 개의 상품을 만들고 어느 정도의 임금을 지불해야 하는지를 고민하는 기업가에 이르기까지, 한계효용에 관한 이론들은 경제학적으로 가장 명확한 답을 제공해요. 그러니까 돈을 벌고 싶은 사람이나 돈을 잘 쓰고 싶은 사람들 모두 한계효용이 얼마이고 어느 순간부터 한계효용이 감소하는지를 알아야 하죠.

경제학은 최소의 비용으로 최대의 효용을 얻을 수 있는 선택을 하도록 도움을 줘요. 그리고 이런 선택을 가능하게 해 주는 것이 한계효용에 관한 법칙이죠. 그러니까 이렇게 말할 수 있어요. "한계를 알면 경제학이 보인다."라고요.

파도가 높아졌다 낮아지는 것처럼 경기가 좋아지기도 하고
나빠지기도 하는 과정을 경기순환이라고 그랬지?
촤아아아아

흔히 경기가 호황기를 향해 상승해 가는 시기에는
기업의 투자와 생산 활동이 활발해서
일자리가 많아지고

사람들의 소득이 증가해 상품이 잘 팔리고
물가가 올라간단다.
이것을
인플레이션이라고
하지.

반면 경기가 불황에 접어들면 기업의 생산 활동이 위축되고 일자리가 줄어들지.
휴이이잉

그러면 소득이 감소해 소비가 위축되고 물가가 내려가는데, 이를 디플레이션이라고 한단다.
점포 정리
90% 할인
○○ 식당
폐 업

또 이러한 디플레이션이 장기간 계속되어 1년간 경제성장률이 2~3% 이하로 떨어지면 스태그네이션이라고 부른단다.
스태그네이션
(Stagnation)

그런데 최근에는 스태그플레이션이라는 아주 특이한 현상도 나타나고 있어. 스태그플레이션은 장기적인 경제 불황 중에도 인플레이션이 발생하는 걸 말하지.
스태그플레이션
(stagflation)
임금
물가

그러니까 소득이 줄어 힘든 상황인데도

물가까지 오르는 최악의 경제 위기란다.
으악
W

대체 이러한 스태그플레이션은 언제 왜 생겨났고
언제?
왜?

과연 오늘날의 경제 위기가 최악의 상황으로까지 악화될 것인지
○○ 은행
우르르

경기가 순환하면 다시 상황이 좋아질지 궁금하지 않을 수 없겠지?
?

자, 그럼 경제 위기의 해법을 제시해 줄 또 다른 구원투수를 만나러 가 볼까?

아브라카다브라

변호인 옆에 앉아 있는 케인즈가 보일 거야.
케인즈다!

영국 명문 사립인 이튼스쿨에 다니던 시절 케인즈는 튀어나온 입술과 짙은 눈썹이 원숭이를 닮아서 놀림을 받았다고 해.

쉿! 이 일은 너희와 나만의 비밀로 하자.
케인즈 교수가 알면 기분이 상할 수도 있잖니.
드르륵

다 들었어!

마르크스가 세상을 떠난 1883년
학벌 좋은 집안에서 태어나

이튼스쿨을 졸업한 케인즈는
꽥
꽥

케임브리지 대학에 진학하여
수학과 경제학을 공부했는데

당시 스승이 케임브리지 학파의 거목
앨프리드 마셜이었단다.

학생들을 가르치면서 유명한 경제 잡지 편집인으로
활동하던 케인즈가 세계적으로 알려진 것은
이코노믹 저널

대공황 당시 『고용 이자 및 화폐의 일반 이론』, 줄여서
『일반 이론』을 통해 위기 극복을 위한 해법을 내놓았기 때문이야.
일반 이론

국제부흥개발은행(IBRD)과 국제통화기금
(IMF) 같은 국제기구 탄생을 진두지휘했고
이들 기구의 총재를 지내기도 했던 케인즈는
IMF

말년에 영국 왕실로부터 귀족 작위를
받고 상원의원을 역임했지.

그럼 케인즈의 변론을 들으면서 그가 과연 어떤 해결책을
제시했는지 알아보자.

교수님의 명성이 전 세계적으로 알려진 것은 1930년대 대공황 당시 제시한 경제 이론 때문이라고 생각합니다.
일단 대공황을 직접 경험하신 분으로서 상황의 심각성이 어느 정도였는지 설명해 주십시오.

당시는 제1차 세계 대전의 상처가 아물어 가고 미국을 비롯한 여러 나라가 별 어려움 없이 1929년을 맞이하고 있었습니다.

자동차와 라디오 등의 산업이 성장을 지속하자 사람들은 앞다투어 주식과 부동산에 투자했고

경제에 서서히 거품이 끼기 시작했지요.

그러던 중 1929년 10월 24일 뉴욕 금융시장의 메카였던 월스트리트의 증권거래소에서 '암흑의 목요일' 사건이 일어났어요.
월스트리트

주식 가격이 내릴지 모른다는 불안 심리가 퍼지면서 투자자들이 주식을 한꺼번에 팔겠다고 몰리는 바람에
얼마나?
전부요!

순식간에 주가가 급락했지요.
우르르르르
주가

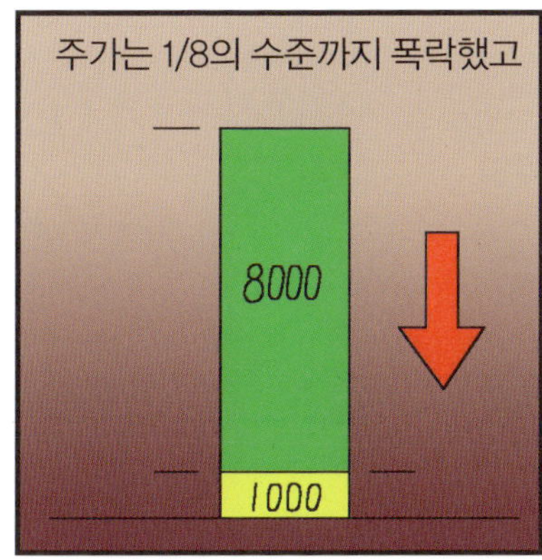

주가는 1/8의 수준까지 폭락했고
8000
1000

이것이 미국을 넘어 런던, 파리, 베를린, 도쿄 등 전 세계에 도미노처럼 번졌어요.

파산한 투자자들이 연이어 자살했고

주식에 투자했던 사람들은 집과 땅을 빼앗겨 거리로 쫓겨났으며
뻥

무려 5,000개의 은행이 파산했고 900만 명의 예금 통장이 휴지조각이 되고 말았습니다.
휘 - 정

기업들은 연이어 파산하고 미국의 생산량은 반 토막 났으며
파산

세계 공업 생산량 역시 20년 전의 수준으로 폭삭 가라앉았습니다.

어른 네 명 중 한 명은 실업자였고

무료 급식을 받기 위해 아귀다툼을 벌이고, 쓰레기통을 뒤지며 배고픔을 해결하는 아이들이 거리를 가득 메웠습니다.
무료급식
내 차례야!
웅성
이것이 대공황 당시의 모습입니다.

교수님은 대공황에 대처하는 기존 경제학을 강도 높게 비판한 것으로 알려져 있습니다. 그 이유가 무엇입니까?

경제학의 주도권을 쥔 고전학파는 "공급이 수요를 창출한다."라는 '세이의 법칙'을 굳게 믿고
나 기억하지?

절대로 경제 파탄은 일어나지 않을 것이라고 주장했습니다.
수요
수요

세이가 살았던 시대는 식민지 개척으로 물건을 팔 거대한 시장이 있었고
이번엔 어디로 갈까?

공장의 생산량이 사람들의 수요를 따라가지 못했기 때문에

어떤 물건이든 시장에 나오기만 하면 바로 팔렸고
자, 갓 구운….
$

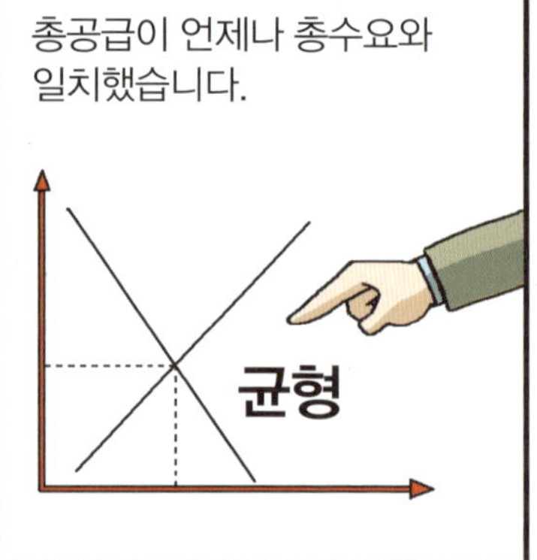

총공급이 언제나 총수요와 일치했습니다.
균형

따라서 고전학파들은 기업들이 생산에 투자할 자본을 마련해 주는 '저축'이야말로
공급
공급

경제를 성장시키는 원동력이라고 강조했습니다.
저축이 곧 국가를 부강하게 만드는 미덕이라는 얘기이지요.
통장

물론 기업은 저축으로 마련된 투자 자본을 가지고 공급 확대를 위한 경쟁에 물불 가리지 않고 뛰어드는 것이 의무라고 할 수 있고요.

기업이 무너지고 경제가 공황을 겪는 일이란 고전학파에게는 상상도 할 수 없었습니다.

비록 일시적으로 침체에 빠진다 해도 물가가 내리면 사람들이 더 많은 물건을 살 수 있게 되어

과잉 생산품이 전부 팔릴 테고

기업들은 임금으로 지출되는 돈을 절약해

다시 더 많은 노동자를 고용할 수 있으므로

완전고용이 이루어져 모든 위기가 해소될 수 있다고 보았던 것이죠.

고전학파는 사람들이 경제가 어려울 때 화폐 자산을 그대로 가지고 있으려는 심리가 더 강하다는 것을 몰랐어요.
할인.
더 싸요!
아껴야 잘산다.
휘이잉

미래가 불안하다고 판단하며 소비보다 저축에 힘쓰는 거지요.

하지만 경제 불황기에는 저축이 반드시 미덕이 아니라, 오히려 경제를 무너뜨리는 사회악이 될 수도 있습니다.
쿵

미래가 불안해진 사람들이 소비를 줄이자
한 푼만.
나도 실업자야!

물건이 팔리지 않아 기업이 연이어 파산을 하고, 대량 실업이 발생해 대공황이 발생하지 않았습니까?
폐업
폐업
폐업

그렇다면 위기에 대처하는 교수님의 해법은 무엇입니까?

제 위기 극복 해법은 1936년 『일반 이론』이라는 책을 통해서 세상에 모습을 드러냈습니다.
일반 이론

결론적으로 말하면 제 경제학의 핵심은 '보이지 않는 손'이 모든 사람을 행복하게 만들어 줄 거라는 환상에서 벗어나 정부의 '보이는 손'을 믿자는 것입니다.
톡
정부
맡겨 주세요.
정부

정부가 예산을 투자해서 일자리를 만들고 실업률을 감소시키면

경제가 다시 위기에서 벗어날 수 있다는 것이지요.
소비가 곧 경제를 살리는 길이자 미덕이라는 말씀입니다.

그런데 왜 정부가 나서야 하는 걸까요?
위기관리
정부

개인도 기업도 소비와 투자를 늘릴 수 없는 상황에서 생각할 수 있는 해법은 뭐가 있을까요?

정부가 나서서 소비를 촉진하는 방법밖에 없지요.
소비촉진
정부

대공황이 발생한 이유는 물건을 사고 싶어도 사람들이 소비할 능력이 없기 때문입니다.
저는 이것을 '유효수요'의 부족이라고 불렀습니다.

『일반 이론』을 이해하는 가장 중요한 키워드가 바로 '유효수요'입니다.
일반이론
유효수요

간단히 말해 '유효수요'란 사람들이 실제로 물건을 살 만한 능력이 있는가를 의미합니다.

따라서 제가 제시하는 해법은 간단합니다. 정부가 예산 보따리를 풀어 사람들이 물건을 살 수 있는 능력, 즉 '유효수요'를 만들어 주자는 것입니다.

그렇다면 정부가 구체적으로 해야 할 일은 무엇일까요?
관리 목표

그 질문에 대해 제가 늘 드는 비유가 있죠.

정부는 빈 병에 돈을 가득 담아 폐기된 탄광의 땅속에 묻습니다.

그리고 그 위를 쓰레기로 덮은 다음, 기업들로 하여금 땅속에 묻어 둔 지폐를 마음대로 파 가도록 하는 거죠.

기업은 사람들을 고용하고 굴삭기를 사들여 땅을 파고 병 속의 돈을 꺼내려고 할 겁니다.

그 덕분에 일자리를 얻은 사람들은 월급으로 고기도 사고 옷도 사는 등 소비 활동을 하지요.

그러면 멈췄던 공장들이 다시 가동되고, 모든 산업이 연쇄적으로 살아나 경제 상황이 회복됩니다.

이 비유를 정부의 역할에 적용해 볼까요? 정부는 거대한 댐을 건설하거나 공공분야의 건설 사업을 대대적으로 벌여 실업자들에게 일자리를 주어 고용을 늘립니다.
정부
일자리 창출

정부가 대규모로 재정을 지출하면 이때 지출된 돈이 국민들의 소득으로 이어져
정부
$

소비가 증가해 경제 전체가 살아나는 연쇄 효과가 발생하죠.
우 뚝
경제

이것이 저의 『일반 이론』을 이해하는 두 번째 키워드인 '승수효과'입니다.
승수효과란 정부의 지출이 연쇄적으로 경제 전체에 파급되어 경제가 성장한다는 뜻입니다.

정부는 사회보장제도의 복지 혜택을 확대해 빈곤층을 돌보고 노동자들의 최저임금을 보장해 주며
무료 급식소
더 줘!
정부
복지
복지

의료, 교육, 가스, 전기, 고속도로, 수도, 철도 등 삶의 질을 높일 수 있는 공적인 분야를 직접 관리해 공공 서비스를 확대합니다.
정부

정부가 공공지출을 늘리면 유효수요가 늘어나
물건이 팔리고
유효수요
정부

기업들도 다시 일어나 경제 전체가
승수효과를 얻게 된다는 거지요.
정부의 지출로
경제성장을
이룰 거야.
정부
$

실제로 저의 이 처방전을 독일, 미국, 영국, 프랑스 등의
많은 나라에서 실시하여 효과를 보았습니다.
그러자 검사 측에서는
기다렸다는 듯이 반론을 제기했어.

피고 케인즈에게
묻습니다.

피고의 위기관리 해법은 정부가 막대한 예산을 쏟아부어야 하는
정책들로서, 결국 나라 전체가 빚더미에 올라설 위험성이 있습니다.
이 문제는
어떻게 생각
하십니까?

물론 제 이론에 쏟아진 비판을
잘 압니다. 그러나 현실을 보세요.

대규모 공공사업을 실시해 일자리를
만들어 낸 수많은 나라들이

모두 위기에서 벗어나 성장하고
있지 않습니까?

비록 빚을 내었더라도 정부의 투자는 곧 일자리가 되고
정부
빚

국민들의 소득이 되어 구매능력을 증가시키며
임금

구매능력 증가는 기업의 투자를 활성화시키고
물건이 좀 더 필요하겠지.

생산 활동이 활발해져 경제가 되살아나며, 결국 정부는 세금을 거두어 충분히 빚을 감당할 수 있게 됩니다.
빚

반론합니다! 피고의 경제학으로 미국을 비롯한 일부 나라가 위기를 극복한 것으로 알려져 있습니다.
그러나 진실은 반드시 그렇지만은 않습니다.

독일과 미국 등 정부 개입이라는 처방을 채택한 나라들이 어떻게 위기를 극복했을까요?

독일 히틀러 정권은 교도소를 짓고 정보원과 비밀경찰의 수를 늘리는 데 더 열성적이었고

전쟁 물자를 만드는 군수품 공장에 정부의 지출이 집중되었습니다.

미국 역시 뉴딜정책이라 불리는 테네시 강 유역 댐 건설 공사에 막대한 예산을 쏟아부어 일자리를 만들어 냈지만
일손이 많이 필요해.

실제로 미국이 위기에서 빠져나올 수 있었던 것은
제2차 세계 대전에 힘입은 군수산업 덕분이었습니다.

이렇듯 피고의 정부 개입 정책은 독재자를
등장시키고 군수산업 자본가만을 키웠으며

전쟁을 통한 경제성장이라는 불명예스러운
결과를 가져왔을 뿐입니다. 피고는 어떻게
생각하십니까?

당시는 정부가 경제활동에 개입하는 것을 죄악이라고 생각했고, 그래서 제가 공산주의자가 분명하다라든가
정부의 독재를 정당화했다는 등의 비판이 많았습니다.
공산주의
독재자
사회주의자
케인즈

이러한 오해를
해명하고 싶습니다.
저는 공산주의자도
사회주의자도
아니었습니다.

실제로 정부의 개입으로 민간 기업이 위축되고
시장경제가 완전히 사라진 것도 아닙니다.
정부

저는 누구보다도 시장의 원리에 모든 것을 맡겨 두자고 말하는 자본주의 경제학자입니다.

하지만 대공황은 '장기적으로 보면 다 죽을 수밖에 없는' 절박한 위기였고
○○ 은행
파산
"In the long run, we are all dead."

정부가 나서서 자본주의의 문제점을 수정하지 않으면 안 되는 위기 상황이었습니다.
자본주의 토론회
정부

하지만 피고의 정부 개입 정책은 40여 년 만에 약효가 떨어지고 말았습니다.

1970년대 들어 발생한 두 차례의 석유 값 파동 때문에 세계경제는 이제껏 경험하지 못한 스태그플레이션에 빠졌습니다.
OIL
OIL
OIL
$
경제력
경제력

이러한 상황에서 피고의 주장처럼 정부가 투자를 강행한다면 임금이 올라 물가가 뛸 것이고
임금
물가

만약 물가를 안정시키려 정부 지출을 줄이면 실업자가 늘어나고 맙니다.
실업
실업
실업

이런 진퇴양난의 상황에서 완전고용을 위해 정부가 지출을 늘려 유효수요를 만들어 주면 된다는 식의 해법은 더 이상 소용이 없습니다.
정부
헉
일반 이론
스태그플레이션은 석유 값 폭등으로 인해 기업들이 늘어나는 생산비용을 감당하지 못해 발생했습니다.
OIL

그러나 사실 이것은 정부가 소수의 대기업만 집중적으로 육성하고, 이들 대기업이 시장을 독점했기 때문에 발생한 위기이기도 합니다.
쑥
대기업
쑥
대기업
대기업
$
$
$

이들 대기업은 자신들에게 손해가 일어나면 물건 값을 올려 소비자에게 떠넘겨 버립니다.
어쩔 수 없어.
$100
$1000

따라서 정부는 이런 대기업의 횡포를 막아야지
어 허!
정 부

이들에게 막대한 지원을 하는 것은 자칫 위험할 수 있습니다.
정 부
$
일반 서민들의 경제적 고통만 더욱 부풀릴 뿐이니까요.

냉정하게 말하면 피고의 경제학은 가난한 나라나 가난한 국민들의 고통을 해결하기보다는
자본가와 부자들의 발전이 곧 사회 전체의 발전이라는 생각에서 출발한 경제학일 뿐이었다고 주장합니다. 이상입니다.
자, 그럼 이제 현실로 돌아와 볼까? 정부가 공공사업에 대한 투자를 확대하는 것은 일부 대기업을 키워 주는 일이 될 수 있지.
○○ 건설

그런데 대자본가들이 돈을 벌어야만 전체 국민들이 부유해진다는 논리가 타당한 걸까?
임금
임금

아니면 시장에 모든 것을 맡겨 두는 것이 궁극적으로 옳은 것일까?

과연 진정으로 사회 전체가 행복해질 수 있는 방법은 무엇일까?
우리들은 어떤 선택을 해야만 하는 것일까?
정부

백화점 1층 화장실을 없앤 경제학과 심리학의 융합

백화점 앞을 지나다가 화장실이 급할 때는 곧장 2층으로 올라가거나 지하 1층으로 내려가는 게 좋아요. 백화점 1층에는 화장실이 없으니까요. 그렇다면 왜 백화점 1층에는 화장실이 없을까요? 만약 1층에 화장실이 있으면 사람들은 화장실을 사용하고 나서 바로 백화점을 나가 버릴 거예요. 하지만 1층에 화장실이 없으면 2층이나 지하 1층에서 화장실을 사용하죠. 여유를 되찾은 사람들은 백화점을 나가기 위해 내부를 지나면서 주변을 둘러보게 될 거고요. 혹시 사고 싶은 물건이나 음식을 발견한다면 지갑을 열어 구입을 할 수도 있죠.

물론 백화점에는 1층 화장실 말고도 없는 것이 있어요. 백화점에는 창문도 없고 시계도 없어요. 이건 창밖의 풍경이나 시계를 통해 시간 변화를 깨닫지 못하도록 하기 위해서죠. 사람들이 오직 쇼핑에 몰두하도록 만드는 거예요. 이처럼 1층에 화장실을 만들지 않고 창문과 시계를 없애는 것은 구매 심리를 자극해 상품 판매를 늘리려는 고도의 마케팅 전략이에요.

심리를 자극하는 백화점의 마케팅 전략은 이것뿐만이 아니에요. 백화점 엘리베이터는 매장을 샅샅이 살펴야만 발견할 수 있는 구석진 위치에 설치되어 있어요. 또 에스컬레이터는 반대편 방향으로 오르거나, 아래로 내려가려면 반드시 매장을 반 바퀴를 돌아야 하도록 설치되어 있어요. 이게 모두 매장을 더 자세히, 그리고 오래 구경하도록 만드는 장치들이에요.

구매 심리를 자극하는 마케팅 전략을 백화점에서만 활용하는 것은 아니에요. 홈쇼핑에서는 구입 금액의 끝자리를 900원으로 맞추는 경우가 많아요. 겨우 100원 차이인데도 심리적으로 저렴한

백화점 1층의 화장실을 없앤 것은 고도의 마케팅 전략이다.

것처럼 느끼게 만들기 위해서죠. 또 '한정 수량'이니 '마감 임박'이니 하는 단어를 강조해 당장 사지 않으면 안 될 것 같은 심리를 유발시키는 전략도 있어요. 홈쇼핑에 등장하는 예쁜 모델들은 마치 그 물건을 사서 쓰면 누구나 모델들처럼 보일 수 있을 것이라는 착각을 만들죠. 이런 것들이 바로 마케팅 전략의 함정이에요.

원색을 사용하여 식욕을 자극한 패스트푸드점 실내 모습.

색깔도 마케팅 전략의 중요한 요소예요. 패스트푸드점들이 대부분 실내 장식에 빨강, 노랑, 주황 등의 원색을 사용하는 것은 이런 색상이 식욕을 자극해 먹고 싶은 심리를 만들기 때문이에요. 혹시 패스트푸드점에서 음식을 먹을 때 불편하다는 생각이 들었던 적은 없나요? 이건 일부러 의자와 테이블을 작고 좁게 만들었기 때문이에요. 작고 좁은 의자에 앉은 사람은 불편한 심리를 느껴서 결국 음식을 빨리 먹고 자리에서 일어나죠.

대형 할인 매장에서는 입구에 저렴한 상품들을 놓아 손님을 유인하고, 쇼핑 카트의 크기를 손님들이 알아채지 못하게 조금씩 크게 만들어 상품을 더 많이 사도록 부추겨요. 음식점이나 레스토랑에서 사람들이 많이 오는 시간에 경쾌한 음악을 틀어 자신도 모르게 빨리 먹고 가도록 유인하는 전략도 있어요.

이렇듯 주변엔 우리의 구매 심리를 자극하는 온갖 요소들이 무궁무진하게 숨어 있어요. 우리가 고도의 마케팅 전략이 짠 함정에 빠져 지갑을 열 때, 다른 한쪽에서는 누군가 회심의 미소를 지으며 이렇게 외칠 거예요. "심리를 자극하라, 그러면 경제가 보일 것이다."

케인즈가 위기에 빠진 세계를 구한 영웅 대접을 받고 있을 때

조용히 때를 기다린 경제학자가 있었어.

하지만 케인즈 정책 덕분에 위기에서 벗어난 나라들은 40여 년간 제2의 전성기를 맞이해 호황을 누렸기 때문에 누구도 이 사람에게 주목하지 않았지.
우르르르

그런데 드디어 반격의 기회가 왔지. 1970년대 발생한 석유 값 폭등으로 세계경제가 추락을 하기 시작한 거야.
1970
OIL
OIL

사람들은 그의 이야기에 다시 귀를 기울였지.
흥!

이 사람이 누구냐고? 케인즈와 함께 20세기의 위대한 경제학자로 불리는 프리드리히 폰 하이에크(Friedrich August von Hayek, 1899~1992)지.

한마디로 반(反)케인즈 경제학파의 창시자이자
반케인즈
타도하자 케인즈

신자유주의 경제학의 원조라고 할 수 있는 인물이지.
신

그런데 왜 신자유주의 경제학자냐고? 애덤 스미스의 자유방임주의를 그대로 계승해 20세기에 다시 철저하게 관철시켰기 때문이지.
20°

흔히 현대 경제학은 케인즈 학파와 신자유주의 학파로 나누어진다고 할 수 있어.

두 사람은 20세기 경제학계의 최대 라이벌이었고

20세기 후반부터 현재에 이르는 자본주의는 케인즈 경제학과 하이에크 경제학의 대결의 장이라고 부를 정도란다.
VS

대공황 당시의 위기에는 케인즈의 압도적인 승리였고
으르르
크
파산

1970년대 후반에는 상황이 역전돼 하이에크가 대역전승을 거두었고
스태그 플레이션
헛
OIL
OIL
크

현재는 케인즈 학파의 근소한 우세 속에 치열하게 대결하는 상황이지.

하이에크는 오스트리아 빈의 귀족 집안에서 태어나 빈 대학교를 졸업하고

경제학에서 출발해 법학, 정치학, 사회학, 심리학 등 폭넓은 학문을 두루 섭렵한 뒤 런던 대학과 미국 시카고 대학에서 교수를 지냈어.
경제학
법학
정치학
사회학
심리학

자유방임주의에 대한 확고한 믿음 위에서 사회주의 계획경제를 비판했고
노예의 길
노벨경제학상
1974년에는 노벨 경제학상을 받았지.

그런데 하이에크가 경제학의 흐름을 시장으로 돌려놓은 신자유주의 경제학의 사상적 선구자라면
큭

시카고 대학 교수로 재직하면서 케인즈 경제학의 문제점을 조목조목 비판한 시카고 학파의 대부가 있으니,
대공황의 원인
정부의 개입
이게 문제야.
이것도 문제지.

그가 바로 밀턴 프리드먼(Milton Friedman, 1912~2006)이란다.

미국으로 이민 온 가난한 유대인 가정에서 태어나 온갖 종류의 아르바이트를 하며 대학을 다닌 그는
Pizza

컬럼비아 대학교에서 경제학 박사를 받고
경제학 박사 논문

노벨 경제학상 수상자를 가장 많이 배출한 시카고 대학에서 30여 년간 학생을 가르쳤어.
프리드먼도 1976년 노벨 경제학상을 받았지.

두 사람은 모두 케인즈의 정부 개입 정책을 반대하며
반 대 !

자유로운 경제활동을 주장해 1980년대 이후 세계 경제학계를 주름 잡았어.
와
아

레이건 행정부와 대처 총리에게 경제정책의 사상적 틀도 제공했지.
흐뭇~
신자유주의

영국의 대처 총리는 하이에크가 쓴 책 『자유헌정론』과 『노예의 길』을 가지고 다니면서
주변 사람들을 설득할 정도로 그에 대한 신뢰가 대단했다고 해.
자유
헌정론
노예의 길
흐뭇
우리가 믿는
모든 것이 여기에 있어요.

자, 그럼 여기서 하이에크와 프리드먼을
만나러 상상의 세계로 같이 떠나 볼까?
아, 브, 라, 다, 브, 라

재판장은 사람들의 열기로 가득했어.
변호인은 먼저 하이에크에게 질문을 시작했어.

하이에크 교수님,
시장경제란 무엇이고 교수님께서
그토록 확고하게 자유주의 시장경제를
강조한 이유는 무엇입니까?

시장경제라는 말은 정부가
모든 경제활동을 계획하고 지시하고
통제하는 사회주의경제와 구별되는
말입니다.

시장의 '보이지 않는 손'이 작동하여 적절한
가격이 형성되고
150
100

이 가격에 따라 생산과 소비와 분배 활동이
이루어지는 자연스러운 경제 질서를 의미하죠.

이것은 자생적으로 만들어진 경제 질서입니다.
시장 경제
Y X A B C D E F G

이처럼 인간은 자유로운 상태에서 자신의 이익을
추구하고 경쟁할 때 최고의 능력을 발휘하며
$
$

이렇게 해서 문명이 발전하고,
사회라는 공동체도 최선의 상태가
될 수 있는 것입니다.
우
뚝
시장
경제

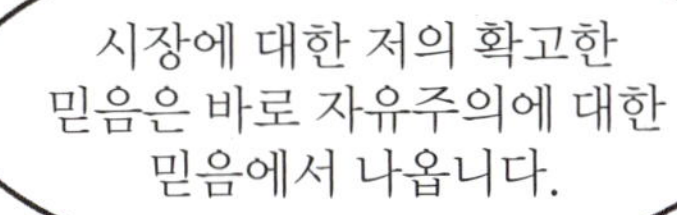

시장에 대한 저의 확고한
믿음은 바로 자유주의에 대한
믿음에서 나옵니다.

자유주의

인간의 이성이나 지식은
불완전하고 한계가 많습니다.
이성
흔들
흔들

제한된 지식을 바탕으로 불완전한 판단을 하는 개인은
모든 경제 현상을 이해하거나 예측할 수 없지요.
물가상승
실업률증가
스태그네이션
인플
이러한 개인의 불완전한 판단을
보완해 줄 수 있는 것이
시장의 자유경쟁 원리입니다.

시장은 마치 게임과도 같습니다. 경기에 참여하는
선수들은 시장이라는 게임 규칙을 따라야 합니다.
규칙을
따라 주세요.

시장은 살아 있는 유기체와 같아서 외부의 힘에 의해
만들어진 인공적인 질서인 정부와는 다릅니다.
달라
정부
150
100

시장이라는 자생적인 질서를 엄격하게 준수해야만 누구에게나 평등한 기회가 주어지고 개개인의 불완전성을 극복할 수 있습니다.

제가 사회주의 계획경제를 반대하고 자유주의 시장경제를 옹호한 『노예의 길』을 출간할 당시, 대다수 지식인들은 케인즈 경제학에 빠져서 제 주장에 귀를 기울이지 않았습니다.
노예의 길
출간 기념회
노예의 길
사인 좀 해 주세요.

하지만 사회주의국가들이 국민들의 자유를 억압하는 1980년대에 들어서면서 사람들은 서서히 자유주의경제학에 주목하기 시작했고
도와줘요.

미국 레이건 행정부, 영국 대처 정부는 신자유주의 경제정책을 실시해 눈부신 발전을 이루기도 했지요.

프리드먼 교수님! 교수님의 경제학을 흔히 반(反)케인즈 경제학이라고 부르는 이유가 무엇입니까?

케인즈는 대공황이 발생한 원인을 유효수요가 부족한 때문이라고 진단했습니다.

하지만 잠시뿐이었죠. 정부의 지나친 예산 지출로 통화량이 너무 늘어나 곧 화폐 가치가 떨어지고

물가가 상승하는 인플레이션이라는 부작용이 나타나고 말았습니다.

대공황은 케인즈의 주장처럼 유효수요, 즉 소비가 부족해서 발생한 것이 아닙니다.
애 애 앵
미국의 중앙은행이 물가를 잡고 주식 투자의 과열을 막겠다며 나라 안에서 쓰는 돈의 양을 1/3로 줄이는 잘못된 통화정책을 실시했기 때문에 발생했습니다.
중앙은행
$
갑자기 돈의 공급이 줄자 불안 심리가 퍼지면서 너도 나도 주식을 팔아 현금을 확보하려고 했고
주식
그 탓에 주가가 폭락하고 은행이 쓰러지면서 대공황으로 번진 것입니다
주가
파 산
제 경제학의 핵심적인 이론은 통화주의(monetarism)입니다. 실제로 경제를 좌우하는 것은 중앙은행이 돈을 풀어야 할 때와 거두어야 할 때의 '시차'를 얼마나 잘 고려해 통화량 관리를 적절하게 하느냐에 달려 있다는 이론입니다.
한마디로 경제 위기를 해결하는 데는 화폐가 중요하다는 이론입니다.
정 부

그래서 항상 하는 이야기가 있습니다. 일명 샤워실의 바보 이야기입니다.

한 남자가 샤워실에 들어가 샤워 꼭지를 틀었는데 찬물이 나오자
앗 차가워.

가장 뜨거운 물이 나오도록 샤워 꼭지를 반대 방향으로 돌립니다.

그러다 뜨거운 물이 나오자 깜짝 놀란 이 남자는 다시 찬물이 나오도록 꼭지를 반대로 틀었지요.
앗뜨!

찬물이 나오면 다시 뜨거운 물 쪽으로 꼭지를 돌렸고요.

결국 이런 식으로 끊임없이 꼭지를 돌리다가 원하는 온도를 맞추지 못해 샤워조차 하지 못했다고 합니다.

수도꼭지만 돌려 대는 어리석은 바보처럼
휘릭
휘릭

정부가 위기에 곧바로 개입해 통화량을 늘리거나
위기다!
정부

혹은 당장 성과가 보이지 않는다고 해서 성급하게 통화량을 줄이면 절대로 위기를 극복할 수 없지요.
성과가 없으니까!
땡

실업자가 늘어나자 정부가 개입해 일자리를 만들어 냈다고 칩시다.
정부

늘어난 지출만큼 돈이 많이 풀려 통화량이 늘었으니 당연히 물가가 오를 것이고
물가

노동자들은 물가가 오른 만큼 임금 인상을 요구하고
임금을 인상하라!

임금 인상은 다시 물가 상승으로 이어집니다. 물가 상승을 막기 위해 지출을 줄이면 일자리가 줄어드는 악순환이 끝없이 계속됩니다.
정부 지출
물가 상승
임금 인상
실업 증가
정부

저는 그래서 정부가 차라리 아무 일도 하지 않고 지켜보는 편이 낫다고 생각합니다.
얼음.
정부

그렇다면 교수님은 경제 위기를 극복할 해법은 무엇이라고 보십니까?

기업과 시장에 모든 경제활동을 자유롭게 맡겨 두는 신자유주의 경제정책입니다.
답답해.
정부

제가 연구를 해 본 결과

정부가 아무리 일자리를 만들어 내도 실질적인 경제성장률은 높아지지 않았습니다.
이런 주장을 '구축효과론'이라고 합니다.
정부

케인즈의 '승수효과론'과 대비되는 이론이지요.
구축효과론
승수효과론

케인즈의 승수효과란 정부의 지출이 연쇄적으로 경제 전체에 파급되어 경제성장이 나타난다는 말입니다.
정부

하지만 현실에서의 효과는 그다지 크지 않았습니다. 그 이유가 과연 무엇일까요?
정부가 공공사업을 위해 쓰는 막대한 돈은 대체 어디서 오는 걸까요? 세금을 더 많이 걷거나 국공채를 발행해 은행으로부터 돈을 빌리는 것이지요.
돈 좀.
정부
은행

세금이 늘어 개인과 기업은 소비를 줄일 수밖에 없고
정부
세금
흑흑.

정부가 국공채를 발행해 은행 돈을 모두 빌려 버리면
갚을게.
정부
은행

개인이나 기업은 돈을 빌리기 어려워져 투자 자금을 확보조차 할 수 없게 되지요.
텅
텅
은행

정부, 기업, 개인 세 경제 주체에게 한 개씩 돌아가야 할 빵이 있었는데 정부가 세 개 혹은 두 개를 차지해 버리면
정부

그만큼 개인이나 기업의 몫이 없어져 버리는 것 아닙니까?
내꺼!
내꺼
우당탕
정부

정부의 과다한 지출은 민간 경제활동을
위축시킬 뿐입니다.
정부
은행
500
이게 바로
구축효과론이죠.

세상엔 '공짜 점심은 없다'는
말이기도 합니다.
신 난다!
수육
₩ 10000
₩ 9000
공짜는 없나?

모두가 더 크고 강력한 정부 정책을 기대하지만
이러한 개입은 개인과 기업의 희생을 부를
뿐입니다. 이상입니다.

프리드먼의 진술이 끝나자 검사 측은 강력한
반론을 제기했어.
지금 저는
떨리는 심정으로
이 자리에 나와
섰습니다.

최근 세계를 경제 위기에 빠뜨린 책임이 있는 피고 하이에크와
프리드먼을 마주하고 있기 때문입니다.

피고들의 신자유주의 경제학은 시장은 '선'이고
정부는 '악'이라는 주장이며
정부
신자유주의
경제학

개인이나 기업의 자유로운 돈벌이를 방해하고 규제해서는
안 된다는 자유방임주의를 말합니다.
크아~

이들은 교육, 복지, 환경, 연금 등 국민들의 공익과 관련된 분야도 모두 자유경쟁 원리에 맡겨야 한다고 주장합니다.
더 나아가 부자에게 세금을 더 걷는 누진세나 노동자의 최저임금제 보장, 의료보험 혜택 확대, 식품과 약품에 대한 규제, 자연재해 구호활동, 심지어 마약 판매 금지 등
라면
정부
구조
세금
마약

공익과 관련된 사안들도 절대 정부가 나서서 강제해서는 안 된다는 극단적인 자유방임 정책을 주장했습니다.
아무것도
하지 마.
정부

하지만 진정으로 경쟁을 하려면 공정하고 정의로운 사회가 우선입니다.
정의로운 사회

분배 정의가 보장되지 않는 상황에서의 자유경쟁이란 결국 돈을 가진 사람들만이 누리는 자유에 불과합니다.
$
$

"이리떼의 자유가 양떼에게는 죽음을 뜻하듯 경제적 자유의 이름으로 벌어지는 약육강식의 무제한 경쟁은 승자의 탐욕과 패자의 굶주림으로 양극화될 뿐이다."라는 케인즈의 말 그대로입니다.

돈벌이의 자유는 거대한 금융자산을 가진 거대 자본가들이 아무런 제약 없이 국경을 넘나들며 투기를 할 수 있도록 허용했습니다.

그 결과 가난한 나라들의 주식시장은 이들 거대 자본가들이 투기로 돈을 버는 무대로 전락했습니다.
$
$

이들이 가는 나라마다 주식과 부동산 투기가 과열되었고, 사람들은 이들을 흉내 내어 투기를 일삼았습니다.
$
$
$

그러자 개인 파산과 투자 금융 회사들의 연쇄적인 파산이 발생했고, 세계경제마저 흔들리고 말았습니다.
○○ 금융
파산
○○ 은행
파산
○○ 은행
파산

시장은 피고들의 주장처럼 개인이 자유롭게 이익을 추구할 때 공익이 보장되는 완벽한 이상향이 아닙니다.

불공정 독점이 판을 치고 사회적 약자들의 이익이 고려되지 않는 약육강식의 전쟁터입니다.
크 하 하

그래서 반드시 적절한 정부의 규제와 개입이 필요한 것입니다.
정부
$

그러나 신자유주의 경제학자들은 극단적인 자유방임만을 주장하며 정부의 개입에 반대했고
정부
훌쩍

빈부 격차를 심화시켜 세계를 경제 위기에 빠뜨린 책임에서 벗어날 수 없습니다.
인정하십니까?

그러자 프리드먼은 즉각 반론을 제기했어.
인정할 수 없습니다. 정부의 개입이 효과를 거둔 것도 사실이지만 그 달콤함은 오래가지 못했습니다.

정부의 지속적인 유효수요 확대 정책은 결국 실업도 다스리지 못하고 통화량만 늘려 물가를 상승시켰습니다.
정부

정부의 역할이 커지면 관료와 정치인들의 무능과 부패가 따라서 늘어날 뿐입니다.

정부 권력의 타락과 부패는 국민을 고통에 빠뜨리는 주범입니다.
정 부

정부가 적자를 메우기 위해 세금을 늘리는 일은 또 어떻습니까?
정부
세금
쭈—욱

이제는 국민 모두가 정부의 재정 정책에 반감을 갖고 있습니다.

자유주의는 정부가 부당하게 개인의 활동에 간섭해서는 안 되며
자유와 사유재산을 존중해 주어야 한다는 것입니다.
정부
이것이 바로
우리 모두가 바라는
자유의 진정한 의미가
아닐까요?

국민의 복지와 평등을 보장한다는 구실로 세금을 인상하고 기업의
자유로운 활동을 통제하려 드는 것이 과연 자유주의입니까?
정부
세금
최저임금
구호
통제

개인의 사유재산권과 경제활동의 자유를
침해하는 사회주의 정책일 뿐입니다.
정부
$

기업의 진정한 사회적 책임은
많은 이윤을 남기는 일입니다.
이윤

기업에게 지나치게 도덕성만 강요하면 언젠가
시장경제 체제가 무너질 수 있습니다.

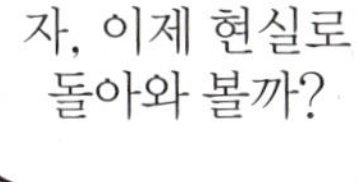

자, 이제 현실로
돌아와 볼까?
펑

우리는 정부의 개입으로 경제 위기가 온다는 하이에크와 프리드먼 편에 서야 할까, 아니면 시장에 모든 것을 맡긴
탓에 금융 위기가 왔다고 보는 케인즈 편에 서야 할까?
우리가 어디쯤에 서 있어야 경제
위기를 극복할 수 있을까?

생태학과 경제학은 같은 집 식구?

산업혁명 이후 인류는 화석연료를 에너지로 사용하는 자동차를 타고 경제성장을 향해 브레이크 없이 질주해 왔어요. 그 결과 인류는 경제적 풍요를 누리게 되었지만 동시에 지구온난화, 이상기후, 해수면 상승, 생물종 멸종, 에너지 자원 고갈 등 심각한 환경 위기를 맞았죠. 현재의 환경 위기는 지구상에 있는 모든 생명체의 위기이기 때문에 전 세계 경제를 휘청거리게 했던 금융 위기보다 더 무서운 재앙을 가져올 거라는 두려움조차 들어요.

환경에 대한 위기의식은 성장과 분배에만 관심을 가지던 기존 경제학에 대한 반성을 불러일으켰어요. 이런 반성은 경제 위기와 환경 위기는 하나의 문제이며, 환경 위기가 경제 위기보다 더 치명적이며 근원적인 문제라는 인식으로 발전했죠. 그리고 이런 인식에서 생태경제학(ecological economics)이 탄생했어요.

생태학(ecology)과 경제학(economics)에는 그리스어로 집을 의미하는 '에코(eco)'라는 말이 공통적으로 사용돼요. 집은 사람이 사는 집은 물론 동식물을 비롯한 모든 생명체의 집인 자연과 지구 그 자체를 의미해요. 그러니까 생태경제학은 생태계라는 집을 살리는 일이 곧 인간의 집안 살림인 경제를 살리는 일이라고 생각하는 학문이에요.

생태경제학은 인간에 의한 환경 위기를 가장 큰 문제로 생각해요. 생태경제학자들은 모든 생태계의 생명은 자신을 분해해 생태계를 복원하는 시스템을 가지고 있지만 오직 인간만이 대량 생산과 대량 소비에 길들여져 엄청난 물질과 에너지를 사용하고 있다고 말하죠. 인간이 생태계로부터 얻어 사용한 물질과 에너지는 그대로 폐기물이 되어 환경을 파괴하기 때문이죠.

경제성장은 지구온난화 등의 부작용을 낳았다.

생태경제학은 생태계와 인간 사회를 긴밀하게 연결된 유기적인 시스템으로 봐요. 그래서 인간이 생산을 위해 어떤 종류의 물질과 에너지를 얼마만큼 어떻게 이용하는지에 따라 생태계가 엄청난 변화를 겪는다고 말하죠. 생태계의 변화는 다시 인간과 모든 생명체들의 물질과 에너지로 되돌아와 막대한 영향을 주고요. 따라서 생태경제학자들은 지금처럼 오염을 일으키는 기업에 환경세를 부과하거나 국제적으로 이산화탄소 배출권을 사고파는 등의 방법은 근본적인 해결책이 될 수 없다고 주장해요. 이는 여전히 시장의 경제 논리로 생태계의 문제를 해결하려고 하기 때문이에요. 또한 생태경제학자들은 선진국들이 과소비로 미래 후손들이 소비할 에너지와 자원까지 고갈시키고 약소국과 어려운 사람들의 에너지 자원까지 빼앗는다고 주장해요. 이런 주장은 먼 미래까지 고려해서 물질과 에너지를 분배하려는 생각에서 나온 거죠.

생태경제학은 생태계 시스템의 원칙에 따라 경제를 재구성하려는 노력이며, 환경정의를 세우는 작업이에요. 경제학을 윤리적으로 거듭나게 하려는 노력인 생태경제학은 자연이 살아야 경제가 사는 것이라는 목소리를 우리에게 들려주고 있답니다.

생태경제학은 생태계 시스템에 따라 경제를 재구성하려 한다.

그동안 만났던 많은 경제학자들을 한번 떠올려 볼까?

'모든 것을 시장의 자유경쟁에 맡기자'라는 하이에크의 이론이 실패로 돌아간 지금 우리에게 남은 선택은 몇 가지일까?

다시 정부의 개입으로 위기를 극복하자며 화려하게 부활에 성공한 신케인즈 주의가 해답일까?

필연적으로 무너질 수밖에 없는 자본주의를 대신할 새로운 경제 체제가 정답이라고 한 마르크스경제학에 다시 귀를 기울여야 하는 걸까?
아니면 시장이 정답이라는 신자유주의자들의 주장을 끝까지 신뢰해야 하는 것일까?
자본주의
그런데 케인즈나 마르크스의 해법까지도 넘어서고자 했던 새로운 대안을 제시한 경제학자가 한 사람 있지.
바로 1886년에 태어난 헝가리 출신 경제학자이자 인류학자인 칼 폴라니란다.
Karl Polanyi, 1886~1964

경제가 모든 것을 결정한다는 사고가 온 유럽과 미국을 강타하고 있을 때
경제

57세라는 나이에 『거대한 전환』이라는 책을 발표해 주목을 받으며
거대한 전환
와

경제인류학이라는 새로운 학문을 창시한 인물이지.

하지만 폴라니는 오랫동안 케인즈와 하이에크의 명성에 가려진 경제학자였어.

마르크스와 케인즈 그리고 하이에크 경제학이 자본주의의 위기를 구할 수 없다는 공감대가 확산된 1990년대에

폴라니에게 많은 추종자들이 생겼고

유럽이나 미국의 대학에도 경제인류학 혹은 사회경제학이라는 학과가 생겨났지.
경제인류학
사회경제학

그렇다면 다시 상상의 세계로 떠나서 과연 폴라니의 경제학은 무엇인지 알아볼까?
아 브 라 카 다 브 라

마침 변호인이 폴라니 교수에게 질문을 던지는군.
폴라니 교수님의 경제학 사상이 최근 세상의 주목을 받는 이유가 무엇이라고 생각하십니까?

케인즈의 경제학이 주도권을 장악하다 쇠퇴하고 최근에 하이에크와 프리드먼의 신자유주의 경제학이 세상을 지배했습니다.
얼쑤~

하지만 하이에크의 신자유주의 경제학 역시 최근의 경제 위기로 인해 영향력을 잃어 가고 있습니다.

최근 다시 신케인즈 주의자들의 발언권이 커지기는 하지만

이미 우리는 그들의 경제학이 완벽하지 않다는 것을 경험을 통해 알고 있습니다.
○○ 금융
파산
○○ 은행
파산
○○ 은행
파산

사람들은 새로운 대안에 목말라 있습니다.
신 자유주의

바로 이 점이 저 폴라니의 경제학이 주목 받은 이유가 아닌가 합니다.

교수님이 신자유주의자들을 비판한 이유가 무엇입니까?

애덤 스미스나 하이에크 등은 한마디로 시장 만능주의자들입니다.

이들은 인간은 자신의 만족과 이익을 좇아 행동하는 이기적인 본능을 가진 존재이며, 이런 본성을 충족시켜 주는 곳이 시장이라고 주장합니다.

인간은 시장을 통해 최대의 만족을 느끼며 행복을 얻을 수 있다는 거지요.

시장 만능주의자들은 인간의 만족을 채워 주는 것이 모두 상품이 되어 시장에서 자유롭게 거래될 수 있다고 봅니다.

인간도, 자연도, 화폐도 모두 상품으로 사고 팔리는 세상으로 변한 겁니다.
THE UNITED STATES OF AMERICA
C 780768810
1
3
3
DOLLAR

시장에서는 흐르는 강물도, 의료도, 교육도 모두 돈벌이 대상이 되었고

돈만 있으면 인간을 마음대로 조종할 수 있는 세상이 되었습니다.
$
$

더구나 이들은 시장이 자기 조절 능력을 가지고 있어
시장경제

모든 것이 저절로 조화를 이루는 유토피아라고 사람들에게 퍼뜨렸습니다.

그 결과 우리는 과연 어떤 세상에 살게 되었나요?

자본주의 세상에서는 경제가 모든 것을 좌지우지합니다.
경 제

노동자는 비인간적으로 착취당하고, 환경은 오염되고, 자연자원은 고갈되며

가난한 나라는 강대국의
식민지로 전락해
수탈당하고

과잉 경쟁으로 공급이 과잉되어 공황이 닥치는 등 어느 누구도
행복하지 않은 세상이 되었습니다.
○○은행

시장이 만능이라고 주장했던 결과치고는
참으로 비극적입니다.
흑~

그렇다면 폴라니 교수님은 시장
만능주의를 극복할 해법이
무엇이라고 생각하십니까?

저의 해법은 마르크스처럼 자본주의 시장경제를 폐지하자는 것도, 케인즈처럼 정부가
시장을 규제하자는 것도 아닙니다.
국가

사회주의적 해법도 시장 우월주의자들의 해법도
국가

모두 인간의 자유를 파괴하고
자연을 황폐화시켰다는 점을
잘 알고 있기 때문입니다.

저는 『거대한 전환』에서 인간과 자연의 운명을 시장주의에 맡긴다면 결국 시장이라는 악마의 맷돌이 공동체를 폐허로 만들고 말 것이기 때문에

시장이 모든 것을 결정한다고 믿는 시장 우월주의에서 벗어나 시장과 경제를 원래 있던 자리인 사회의 한 영역 속으로 돌려보내고
경제

자연스러운 공동체로 되돌리자고 주장했습니다.

저의 해법을 조금 어렵게 말하면 이렇습니다.
시장을 사회에 착근(着根)시킨다.
시장을 시민사회의 영역 아래 둔다.

즉, 사회 구성원들이 소통, 협력, 연대하여 경제를 관리하고 통제하는 것입니다.
그러면 경제와 호혜성이 결합해 호혜 경제, 사회적 경제가 될 수 있습니다.
경제
호혜성

호혜성이 강조된 경제는 사회 구성원 간의 협력과 연대가 강화되고 성적 평등이 보장되며

생태환경이 중요시되고 지역자치와 풀뿌리
민주주의가 힘을 발휘하는 등
풀뿌리 민주주의
환경보호

호혜(互惠)가 강화된 경제입니다.
경제의 논리에 파묻힌
자본주의사회가
아니죠.
자본주의

유럽에서 자리 잡은 생활협동조합 운동, 생태환경 운동, 공동육아,
사회적 기업이나 기부운동, 노동운동이나 시민운동 등이
호혜 경제의 예입니다.
사회적 기업
노동조합
생활협동조합

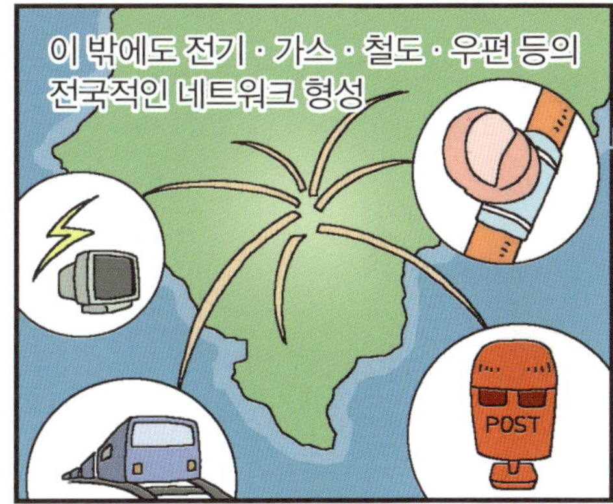

이 밖에도 전기·가스·철도·우편 등의
전국적인 네트워크 형성
POST

교육·의료·주거 등 공공재화의 재분배

에너지 사용을 최소화하자는
운동에 이르기까지

시장을 시민사회에 착근시킨다는 호혜 경제는 시장 만능의 환상을
깨뜨리는 사회의 「거대한 전환」을 이루는 바탕입니다.
시
장

2006년 미국 의회에서 처음 제기된
공정무역운동 역시 경제에 공공성의 가치를 결합한
시도로서, 폴라니 교수의 호혜 경제 사상에서
비롯되었지.

자본주의 시장경제의 문제점에 대한
폴라니 교수님의 비판은 충분히 공감합니다.
그러나 과연 호혜 경제라는 해법으로
불평등과 빈곤 문제를 해결할 수 있을지
회의가 듭니다.

공정무역을 예로 들겠습니다.
공정무역이란 제3세계 노동자들에게 공정한 임금을 지불하고

소비자들도 윤리적 소비를 실천해
불평등한 무역을 바로잡아서

초컬릿

공정
무역

노동자들이 자립할 수 있도록 해 주자는
대안 운동입니다.

유럽이나 미국의 착한 자본가들이 가난한 나라의 생산물을 제값에 사들이고
커피
Coffee
$

소비자들은 상품이 조금 비싸더라도 기쁜 마음으로 착한 소비를 하자는 노력으로 시장주의를 극복할 수 있을까요?
예쁜 가게
비싸지만 괜찮아.

한두 끼의 밥을 해결해 줄 수 있을지는 몰라도 가난을 만들어 내는 불평등은 그대로입니다.
부럽다.

최근 공정무역으로 거래되는 커피를 생각해 봅시다. '착한 소비자'가 되자고 대대적으로 광고하는 사람들이 결국 누구입니까?
착한 커피

세계 커피 시장을 독점하고 있는 거대 자본가들이 아닙니까?
$

이들에게는 착한 소비도, 공정무역도, 더 많은 이윤을 얻기 위한 마케팅 수단일 뿐입니다.
$

0.1%의 공정무역이 99.9%의 착취당하는 노동자들을 도울 수 있을까요?
겨우….
부앙
$

호혜 경제를 외치고 인간의 양심에 호소하는 도덕적인 구호가
신자유주의를 넘어서는 실질적인 대안이 될 수 있을지 회의가 듭니다.
호혜
양심

검사 측의 반론을 듣던 변호인은
폴라니를 대신해 즉각 반박을 했어.
절대 그렇지
않습니다.

유럽의 스웨덴이나 스위스, 독일을 보십시오. 이미 이들 나라에선
풀뿌리 지역자치와 협동조합 운동 등이 국민경제의
10~20%를 차지합니다.
풀뿌리 지역자치
시민사회가 시장을
관리하는 호혜 경제가
실제로 작동하고 있다는
증거입니다.

더구나 대한민국은 세계의 어떤 나라보다도
마을 단위에서 협력하던 경제 공동체 전통이
강하게 남아 있습니다.
두레
품앗이
향약
호혜 경제는 이상이 아니라
매우 현실적인 대안입니다.

그러자 검사는 폴라니의 주장을
반박할 만한 증인을 채택했어.
지금 여기 시장경제를
통해서도 문제점을 극복할
수 있다고 주장하는 증인이
나와 계십니다. 마이크로소프트 사
회장 빌 게이츠 씨입니다.

증인은 2008년 스위스 다보스 세계경제포럼에서 창조적 자본주의를 주창해 화제가 되었습니다. 창조적 자본주의란 무엇입니까?
WORLD ECONOMIC FORUM
WORLD ECONOMIC FORUM

인류의 가장 위대한 진보는 기술 발전에 있는 것이 아니라 기술 발전을 통해 불평등을 해소하는 데 있다고 생각합니다.

지금도 매년 아프리카에서는 말라리아와 에이즈 등으로 수백만 명의 아이들이 죽어 가고, 10억 명의 인구가 하루에 1달러도 안 되는 돈으로 살아갑니다.

사람들은 이 불평등이 자본주의 시장경제로 인한 문제라고 비판합니다.

그러나 저의 생각은 다릅니다.

시장경제를 잘 작동시켜 창조적 자본주의로 발전시킨다면 모두에게 이익이 되는 세상을 만들 수 있습니다.
이것이 제가 주장하는 창조적 자본주의입니다.

사랑의 모금
기부
창조적 자본주의
쌀 지원
창조적 자본주의는 기부나 자선활동보다는 한 차원 높은 기업의 사회적 책임을 강조한 말입니다.

시장을 '악'이라고 비판만 하지 말고 역으로 시장의 힘을 더욱 확장시켜

기업도 이윤을 얻고 가난한 사람들도 섬기는 시장 시스템을 만들어 가자는 것이지요.
Coffee

저는 시장의 자유로운 경쟁만이 이윤 추구를 최대로 보장해 주는 가장 자연스러운 경제 질서라는 애덤 스미스의 믿음을 확고히 지지합니다.
내 것이 더 좋아.
내 것이 더 싸거든.

하지만 동시에 인간은 도덕적인 감성을 가지고 있다는 스미스의 말 역시 신뢰하고 있습니다.
사랑의 모금

창조적 자본주의란 구체적으로 무엇입니까? 예를 들어 주십시오.

단순히 후원자들의 후원금을 받아 기부나 자선활동을 하는 비영리단체나 NGO의 활동과는 다릅니다.
가난한 나라의 사람들에게 시장의 혜택을 제공하면서도 이윤 추구에 매진하는 사회적 기업으로 거듭나는 것이 창조적 자본주의입니다.
COFFEE
Chocolate

시장을 이용해 모두에게 이익이 되는 시스템을 만드는 사회적 기업의 예는 많습니다.
School

30여 년 넘게 빈민들에게 무담보 소액대출을 해 주어 이들의 자립을 돕는 그라민 은행을 보십시오.

실제로 이 은행에서 돈을 빌린 600만 명의 빈민 중 절반 이상은 자립에 성공했고

이들로부터 대출된 돈도 100% 회수했다고 합니다.

세계 최대 유제품 기업 프랑스 다농이 세운 그라민 다농도 창조적 자본주의를 실천하는 사회적 기업입니다.
DANONE
DANONE
DANONE

가난한 나라의 아이들에게 꼭 필요한 영양소가 들어간 요구르트를 판매해 건강 상태를 개선해 줌과 동시에, 이들 나라에 공장을 세워 경제도 활성화시켰습니다
DANONE
DANONE
와 ― 아

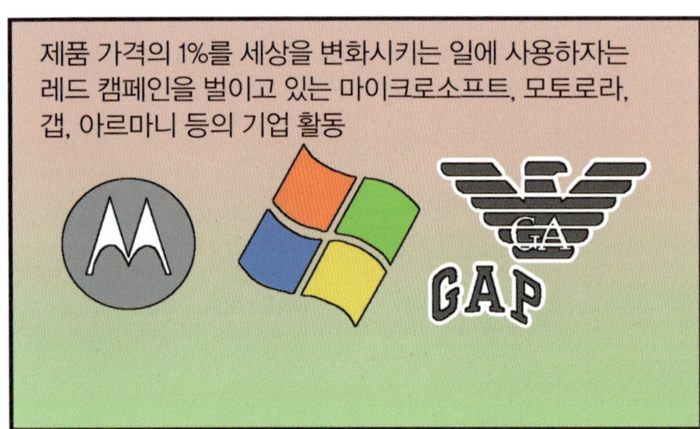

제품 가격의 1%를 세상을 변화시키는 일에 사용하자는 레드 캠페인을 벌이고 있는 마이크로소프트, 모토로라, 갭, 아르마니 등의 기업 활동
GAP

가난한 나라의 생산물들이 선진국 시장에 쉽게 접근할 수 있는 통로를 열어두는 일

우리 마이크로소프트 사가 최첨단 테크놀로지에 접근하기 어려운 사람들에게 사용법을 전해 주는 사업을 전개하는 것 등이 창조적 자본주의의 사례입니다.
Microsoft
Windows xp
™

반론합니다!
증인 빌 게이츠는 가난 때문에 생존을 위협받는 사람들을 돕기 위해 시장의 힘을 이용하자는 창조적 자본주의를 외치고 있습니다.

그러나 본 변호인은 이것이 얼마나 앞뒤가 맞지 않는 모순된 주장인지 밝히고 싶습니다.

증인은 자본주의의 자유로운 경쟁에서 승리해 엄청난 부를 획득한 자본가입니다.
$
$
$

증인이 부자가 되었다는 것은 그만큼 시장경제의 자유경쟁 원리를 잘 활용했다는 것을 의미합니다.

증인의 회사는 소프트웨어 분야에서 감히 다른 회사들이 넘볼 수 없는 우월한 위치에 있습니다.
마이크로소프트

이런 지위를 이용해 불공정한 거래 행위를 하다 벌금 300억 원을 문 적이 있습니다.
300억!

최근 대형 할인매장들이 동네마다 매장을 오픈해 소상인들의 생존을 위협하는 모습을 보십시오.
B MART
○○ 슈퍼
반찬 가게
HOMEminus
구멍 가게
○○ 슈퍼
폐업
점포 임대
폐업

과연 증인이 다른 컴퓨터 회사를 제치고 부자가 될 수 있었던 이유가 무엇이며, 대형 할인 매장이 동네 소상인들의 이익까지 독점할 수 있도록 해 준 것이 무엇입니까?
자유로운 경쟁에서 이긴 승자가 모든 것을 독식하는 것이 정당하다는 논리 덕분이었습니다.

이러한 자유경쟁의 논리 덕분에 벌어들인 이윤의 일부를 가난한 사람들을 위해 사용하는 것이 창조적 자본주의라면
와
아

창조적 자본주의는 불평등을 만들어 내는 자본주의는 그대로 둔 채 불평등의 상처만 살짝 치유하는 임시방편에 불과할 뿐입니다.

결국 자본주의를 영원히 지속시키려는 논리 그 이상은 아닙니다.

기업의 사회적 책임을 강조하고 기부와 자선을 중요시하는 행태는 그만큼 그 나라의 빈부 격차가 심각하다는 반증이라고 봅니다.

시장의 불공정한 행위를 규제하고 정부가 강력한 세금정책과 복지정책을 펴 상대적으로 빈부 격차가 적은 유럽에서
세금
정부
복지

기부와 자선이 그다지 강조되고 있지 않은 까닭도 여기에 있습니다.
그렇게 일부러 강조할 필요는 없지.
정부

과연 어떤 경제학이 우리를 행복한 세상으로 안내해 줄 수 있을까?

종교를 믿으면
경제가 발전한다고?

　'빛 좋은 개살구'라는 속담이 있어요. 겉보기엔 달콤한 맛이 날 것 같은데 실제론 떫어서 먹을 수 없는 개살구에서 유래되었는데, 겉보기에는 그럴듯해 보이지만 실속이 없을 때 사용하는 말이죠. 우리는 종종 빛 좋은 개살구에 속는 경험을 한답니다. 겉으로 좋아 보여 산 물건이 형편없어 실망한 경험은 누구나 가지고 있을 거예요.

　경제학에서는 빛 좋은 개살구에 속아 잘못된 선택을 하는 경우를 '레몬시장 이론'이라고 해요. 레몬은 개살구처럼 향이 좋고 색깔이 예뻐서 맛있어 보이지만 막상 먹으면 너무 시죠. 이 때문에 고장이 자주 나고 성능이 나쁜 중고차를 가리켜 레몬이라고 불러요. 레몬시장은 바로 나쁜 중고차처럼 품질이 나쁜 상품만 거래되는 시장을 말해요. 그런데 왜 나쁜 상품만 거래되는 레몬시장이 존재할까요?

　중고차 시장에서는 중고차를 파는 사람만이 자신이 팔고자 하는 차에 대한 모든 정보를 알고 있어요. 사고가 난 적이 있는지, 관리는 제대로 했는지, 현재 어디가 고장이 나 있는지 등 차에 대한 모든 정보를 파는 사람만이 제대로 갖고 있는 거죠. 반면 중고차를 사려는 사람은 차에 대한 정보가 전혀 없어요. 이렇게 한쪽은 정확한 정보를 충분히 갖고 있는데 다른 쪽은 그렇지 않은 상황을 '정보의 비대칭 현상'이라고 해요.

　정보를 전혀 가지고 있지 않은 구매자는 혹시나 속아서 나쁜 차를 비싸게 살지 모른다는 두려움이 있어요. 이 때문에 구매자는 최대한 차 값을 깎으려고 하죠. 반면 품질이 좋은 중고차를 가진 사람은 낮은 가격에 자신의 차를 팔고 싶지 않을 거예요. 하지만 중고차 구매자들은 품질이 좋은

경제학에서 레몬은 겉보기에는 멀쩡하지만 품질은 나쁜 상품을 말한다.

중고차라는 판매자의 말을 믿지 않고 값을 깎으려고만 하기 때문에 품질이 좋은 중고차는 판매를 하기 어려워요. 이런 일이 반복된다면 품질이 좋은 중고차를 가진 사람은 시장에 차를 내놓으려고 하지 않을 거예요. 그러다 보면 결국 중고차 시장엔 항상 겉보기엔 그럴듯하지만 품질이 나쁜 차만 거래되는 부작용이 나타날 수밖에 없어요.

역선택 이론으로 2001년 노벨 경제학상을 수상한 조지 애컬로프.

경제학에서는 이런 정보의 비대칭 현상 때문에 좋은 상품은 다 빠져나가고 시장에 나쁜 상품만 남아 다수의 사람들이 최악의 선택을 할 수밖에 없는 현상을 '역선택'이라고 해요. 결국 경제학에서 말하는 레몬시장은 역선택이 이루어질 수밖에 없는 시장인 거죠. 미국 버클리 대학교의 조지 애컬로프 교수님은 바로 이 레몬시장 이론을 포함한 역선택 이론으로 2001년 노벨 경제학상을 수상했어요.

그렇다면 우리는 시장에서 항상 최악의 선택을 할 수밖에 없을까요? 꼭 그렇지만은 않아요. 최악의 선택을 하게 되는 근본적인 이유는 바로 사람들이 상대방을 믿지 못하기 때문이에요. 만약 사람들 사이의 신뢰가 높고 사회가 공정하다면 역선택은 그만큼 줄어들 수 있어요. 그래서 사람들은 해마다 노벨 경제학상 영순위로 거론되는 하버드 대학교의 로버트 배로 교수님의 이론에 귀를 기울이는지도 모르죠. 배로 교수님은 2003년 종교와 경제성장과의 상관관계를 분석한 후 신앙심이 깊은 사람이 많은 나라일수록 그렇지 않은 나라에 비해 경제성장률과 국민소득이 높다고 주장했어요. 왜 그럴까요? 신앙심이 깊은 사람이 많을수록 다른 사람을 덜 속일 가능성이 높고, 그만큼 역선택이 줄어들기 때문이에요. 결국 경제성장이 원활해져 해당 국가는 삶의 질이 높아지죠. 전혀 관계가 없을 것 같은 종교와 경제도 사실은 이렇게 밀접하답니다.

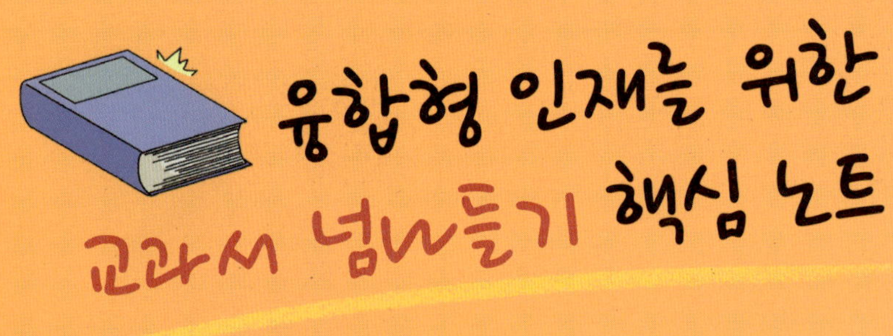

넘나들며 읽기

새롭고 창의적인 키워드를 만들어 내기 위해서는 기존의 개념을 잘 이해해야 합니다. 창의적인 것이란 이 세상에 존재하지 않는 것을 만들어 내는 것이 아니라 기존의 것들을 잘 섞고 혼합하여 폭을 넓히면서 만들어지는 것이니까요. 이 책에서 읽은 내용을 바탕으로 창의적인 사고를 펼쳐 볼까요?

세계화된 시장과 세계화된 국가!

혹시 '세계화'라는 말을 들어본 적이 있나요? 이 말은 우리나라가 세계적으로 유명해졌다거나 세계적인 수준이 되었다는 뜻이 아니랍니다. 이 말이 생겨난 이유를 알려면 '세계화'라는 말 앞에 '시장'이라는 단어를 붙여 보는 게 좋아요. '시장의 세계화'라는 말이 실은 '세계화'라는 말이 생겨난 배경이거든요.

'시장의 세계화'라는 말이 어렵다면 이렇게 생각해 보세요. 여러분이 좋아

하는 빵을 한번 살펴볼까요? 만약 그 빵이 캐나다에서 수입한 밀가루에, 덴마크에서 수입한 우유를 섞고, 브라질에서 수입한 설탕을 넣어, 중국에서 수입한 철광석으로 만든 오븐에서 구운 것이라면 어떨까요? 이렇게 세계 모든 곳에서 만들어진 상품이 세계 모든 곳으로 팔리기 때문에 세계가 하나의 시장처럼 되는 현상을 시장의 세계화라고 부른답니다. 물론 이때 말하는 시장이 물건만 팔리는 곳을 뜻하는 것은 아니에요. 빵을 만드는 공장은 한국에 있지만, 그 빵을 만드는 노동자나 공장을 짓기 위해 필요한 자본(돈)은 외국에서 올 수도 있지요. 사람(노동)과 돈(자본)도 이렇게 세계적인 시장의 일부가 되고 있답니다.

이런 시장의 세계화가 이루어지기 위해서는 무엇이 필요할까요? 지금까지 대부분의 나라는 외국에서 수입하는 물건들에 세금(관세)을 붙여 왔어요. 자국의 경제를 보호하기 위해서 수입을 막거나 어렵게 하는 보호무역 제도를 만드는 거죠. 시장의 세계화는 이런 장벽이 없어지는 현상을 말해요. 다른 말로 하자면 시장의 세계화란 세계적인 규모의 시장이 자유로워지는 것을 뜻해요. 어떤 제약이나 장벽도 없이 세계라는 시장에서 자유롭게 상품을 사고팔 수 있게 되니까요.

세계화를 지지하는 사람들은 이것이 값싸고 좋은 물건을 만들거나 살 수 있게 해 주기 때문에 부유한 나라건 가난한 나라건 모두에게 이익이 된다고 해요. 여러분이 알고 있을 리카도의 비교우위론이 생각나는 주장이에요. 그리고 그렇게 세계적인 시장이 형성되면 각 나라들의 상호 의존도가 높아져서 전쟁이 사라질 거라는 주장도 있어요. 서로 물건을 사고파는 관계에서 가능하면 전쟁을 일으키고 싶지 않을 거라는 뜻이죠.

하지만 세계적인 시장이 형성되면 전쟁이 사라질 것이라는 주장이 나온 게 20세기 초반이었어요. 그리고 우리는 제1차 세계 대전과 제2차 세계 대전을 겪었죠. 세계화를 통해서 가난한 나라들의 경제가 성장할 거라는 주장도 있는 그대로 받아들이기 어렵다는 걸 알게 되었어요. 아프리카처럼 세계 시장에 끼어들지 못한 나라는 여전히 절대적인 빈곤에 시달리고 있고, 나라들 사이의 격차가 줄어들면 부자와 가난한 사람들 사이의 경제적 격차가 더욱 커진다는 주장도 있어요.

그래서 세계화 시대에 국가의 역할에 대한 논쟁이 더 커지고 있답니다. 자유로운 시장을 만들기 위해 시장에 개입하지 말고 국가의 역할이 축소되어야 하는지, 아니면 세계적인 시장에서 공정하지 못한 일들이 일어나지 않도록 적극적으로 개입해야 하는지 말이죠. 상황은 많이 달라졌지만 애덤 스미스가 경제학을 처음 주장한 때부터 지금까지 근본적으로 같은 문제를 놓고 싸움이 계속되고 있는 거죠.

시장과 국가, 세계화라는 주제는 아직은 너무나 어렵고 생소하지만 여러분이 살고 있는 현실이 그만큼 복잡하고 어려운 문제를 안고 있다는 사실만큼은 알고 있어야 하지 않을까요? 매일 접하는 일상적인 상품들이 어디서 왔는지, 어디서 난 재료로 누가 만들어서 여기까지 왔는지를 생각해 보며, 세계화된 시대의 일원으로 살고 있다는 걸 생생하게 느끼면서 말이에요.

더 생각해 보기

- 위에서 언급된 빵 공장의 경우, 이 빵이 많이 팔리면 누구에게 이익이 될까요? 빵을 팔아 생긴 이익이 어떻게 나누어지는지 생각해 봅시다(예: 투자자, 노동자, 원료 판매자, 소비자, 국가 등).

창의적 독서란 책이 주는 정보를 정보 그대로 이해하는 것이 아니라 자기 것으로 만드는 독서를 일컫는 말입니다. 이 책에서 넘나들기를 한 분야 외에 세상의 많은 분야와 정보들이 모두 이 책을 중심으로 뻗어 나갈 수 있을 것입니다. 이 질문은 여러분들이 창의적인 상상을 할 수 있도록 도와주는 것들입니다. 최선의 답은 있으나 정답이 있는 것은 아닙니다. 책의 내용과 관련지어 다음과 같은 질문들에 간단하게 생각을 해 봅시다.

전 세계 아이들의 3분의 1이 저녁을 먹지 못하고 잠자리에 든다는 이야기가 있어요. 특히 아프리카에 헐벗고 굶주린 아이들이 많지요. 그래서 우리가 더 이상 입지 않는 옷을 보내곤 해요. 하지만 이 나라들에 공짜로 옷을 보내면 이곳에서 옷을 만드는 공장들이 망해서 더 큰 피해를 입는다는 주장이 있어요. 그렇다면 우리는 어떻게 해야 할까요?

단순히 물건이나 돈을 주는 것만이 원조가 아니라는 사실을 깨닫는 게 중요해요. 동시에 경제 문제의 복잡성을 느껴 보는 것도 필요하겠죠. 물건을 직접 주는 것과 공장을 짓게 해 주는 것의 차이는 무엇인지 생각해 볼 수 있도록 해요. 학생들은 직접 생산 활동에 종사하지 않고 용돈을 받아 생활하지만 국가 경제는 그럴 수 없으니까요.

다음의 경제 우화를 읽고 생각해 보세요.

서로 왕래가 없는 섬나라 두 개가 있었답니다. 저축나라의 사람들은 돈을 버는 족족 모두 금고에 넣어 두었어요. 모든 국민이 금고와 창고에 물건과 돈을 쌓아 두었죠. 소비나라의 사람들은 돈을 버는 족족 모두 썼어요. 몇 년이 지난 후에 저축나라는 가난해져서 상점과 공장이 모두 문을 닫았고, 소비나라는 매우 풍족해졌답니다.

왜 이런 일이 벌어졌을까요?

애덤 스미스가 왜 '국부는 그 나라 사람들이 소비한 생활필수품의 총량'이라고 정의했는지 생각해 보아야 해요. 단순히 많은 돈과 물건을 나라의 창고에 쌓아 둔다고 해서 부자 나라가 되는 건 아니랍니다. 무분별한 소비는 나쁘지만, 적절하게 소비가 이루어지지 않으면 안 되는 이유도 생각해 보아요.

여러분이 대형 슈퍼마켓이나 쇼핑몰을 만들었다고 상상해 보세요. 물론 손님들이 많이 찾을 수 있는 좋은 위치에 다양한 물건을 가져다 놓아야 사람들이 많이 찾고 장사가 잘되겠죠? 그런데 찾아오는 손님의 수가 더 늘지 않는다면 어떻게 해야 더 많은 이익을 남길 수 있을까요? 방법을 고민해 보세요.

실제로 슈퍼마켓이나 쇼핑몰에 가 보고 특징을 찾아보는 것도 좋을 거예요. 여러 가지 바람직한 방법으로 비용을 낮추는 것도 가능하지만, 현실의 시장에서는 종종 바람직하지 않아 보이는 방법도 사용된답니다. 손님을 매장에 오래 머물게 하는 여러 가지 놀라운 방법들이 사용된다는 것을 알고 있나요? 카트를 직접 밀고 다니면서 확인해 보는 건 어떨까요?

"국가는 시장의 자유에 개입하면 안 된다."라는 경제학자들의 주장을 배운 경순이는 어느 날 화장실에서 "콩팥 삽니다."라는 이상한 스티커가 붙어 있는 걸 보았어요. 어머니한테 물어보았더니 사람이 신체의 일부를 돈을 받고 파는 것은 금지되어 있대요. 그러자 경순이는 전래동화 『심청전』에서 심청이가 공양미 300석에 자신의 목숨을 팔았다는 이야기가 떠올랐어요. 왜 예전에는 이런 거래가 허용되었는데 지금은 허용되지 않을까요?

경제를 고민하다 보면 종종 외면하고 싶은 어두운 현실도 생각해야 할 때가 있어요. 예를 들어 떼어 내도 생명에 지장이 없는 신체의 장기들(눈, 허파, 콩팥 등)은 필요한 사람은 많지만 기증자들의 수가 적어서 불법적으로 거래되고 있다고 해요. 왜 대부분의 국가는 이런 거래를 금지하고 있을까요? 정말로 '자유롭게' 거래를 허가해도 될까요?

여러분이 생각할 수 있는 가장 '비싼' 물건을 한번 떠올려 보세요. 무엇일까요? 그러고 나서 다음 질문에 답해 보세요. 만약 사막에서 목이 말라 죽기 직전이라면 그것을 물 한 병과 바꿀 수 있나요? 아마 그렇겠죠? 그렇다면 물 한 병은 그 물건보다 더 '비싼' 거라고 말할 수 있을까요? 대체 '비싸다'는 건 어떤 의미일까요?

물건의 '가격'이 정해져 있는 경우가 많다 보니 우리는 '가치'가 '가격'과 같은 것이라고 생각하기 쉬워요. 하지만 위의 질문에서처럼 '가치'는 '가격'과 좀 다른 뜻이 될 거예요. '~원'이라고 하는 화폐의 액수는 가치를 제대로 반영하는 것일까요?

이어령의 교과서 넘나들기 경제편

펴낸날	초판 1쇄 2010년 12월 15일
	초판 6쇄 2013년 9월 30일
콘텐츠 크리에이터	이어령
지은이	최성희
그린이	정상혁
기 획	손영운 · 모해규
펴낸이	심만수
펴낸곳	(주)살림출판사
출판등록	1989년 11월 1일 제9-210호
주소	경기도 파주시 문발동 522-1
전화	031-955-1350　팩스 031-624-1356
홈페이지	http://www.sallimbooks.com
이메일	book@sallimbooks.com
ISBN	978-89-522-1527-7 03320
	978-89-522-1531-4 (세트)

※ 값은 뒤표지에 있습니다.
※ 잘못 만들어진 책은 구입하신 서점에서 바꾸어 드립니다.
※ 본문에 수록된 도판의 저작권에 문제가 있을 시
　저작권자와 추후 협의할 수 있습니다.